Alles, bloß kein Stress –
Die besten Tipps & Tricks
für den Schulalltag

KARIN KAMPWERTH

ALLES, BLOSS KEIN STRESS

DIE BESTEN TIPPS & TRICKS FÜR DEN SCHULALLTAG

MIT ILLUSTRATIONEN VON ALEXANDER WEILER

THIENEMANN

Kam 16 Al 12 (1)

KARIN KAMPWERTH

KLASSENBESTE(R) IN 4 WOCHEN

VIEL ERFOLG MIT WENIG AUFWAND

INHALT

VIEL ERFOLG MIT WENIG AUFWAND!

Lernen kann Spaß machen – echt! Klar, es macht sicherlich mehr Spaß, sich die Kräfte eines neuen Computerhelden zu verinnerlichen oder die Handy-Nummern von den drei süßen Jungs aus der Disco zu merken, statt fünf Lektionen Englisch-Vokabeln zu pauken. Aber auch das Lernen für die Schule nervt weniger, wenn man die lästigen Pflichten mit geschickten Strategien austrickst. Die Zauberformel heißt dabei: Viel Erfolg mit wenig Aufwand. Schließlich will man ja noch Zeit für Hobbys und Freunde haben. Und wenn du erst einmal begriffen hast, wie du richtig lernst und wann die beste Zeit dafür ist, deinen Kopf anzustrengen, wirst du nicht nur mit mehr Freizeit, sondern auch mit guten Noten belohnt.

Dafür muss man keinesfalls zum Oberstreber mutieren, aber mit diesem Buch zum »Klassenbesten in 4 Wochen« zu werden, ist doch nicht übel, oder? Und falls es mit dem Klassenbesten nicht gleich klappt – du bist auf jeden Fall auf dem besten Weg dazu. Als Klassenzweiter oder Klassenfünfter lebt sich's übrigens auch nicht schlecht! Worum es aber eigentlich geht, ist, dass man das Lernen lernt und dadurch weniger Stress mit der Schule, den Lehrern und seinen Eltern hat!

Lernen ohne Ende?

Lernen begleitet dich, seit du geboren bist. Überleg doch mal, was du in den letzten Jahren alles dazugelernt hast. Vom Zähneputzen übers Schnürsenkelbinden bis hin zum Bücherlesen und Surfen im Internet. Und so geht's weiter – egal ob du nach der Schule studieren willst oder eine Berufsausbildung

machen möchtest. Auch später im Berufsleben ist dein Gehirn gefragt. Vom Fortbildungskurs bis zur neuen Computer-Software solltest du immer in der Lage sein, Dinge aufzunehmen, zu begreifen und abzuspeichern. Und das funktioniert besser und einfacher, wenn man weiß, wie's funktioniert!

Mit Hirn und Herz

Verstand, Logik, Gedächtnis – unsere Denkzentrale ist im Großhirn stationiert. Wie bei einer gigantischen Datenbank wird hier alles Wissen hineingepackt. Aufgenommen werden die Weisheiten dabei in der Regel über Sprache, Schrift, Begriffe und logische Beweisketten. Für diese analytische, rationale Denkweise ist allerdings nur die linke Gehirnhälfte zuständig. Leider! Denn die rechte Gehirnhälfte bleibt in unserem Schulsystem weitgehend ungenutzt. Dabei funktioniert rechtshirniges Lernen über so schöne Dinge wie Kreativität, Bilder und Vergleiche. Das Geheimnis der echten Schlaumeier liegt darin, beim Lernen beide Gehirnhälften zu aktivieren, weil das ergänzende Zusammenspiel zum schnellen und vor allem langfristigen Lernerfolg führt. Schließlich benutzt man beim Fahrradfahren ja auch beide Pedale, um vernünftig vorwärts zu kommen!

Klar gehören auch Gefühle zum Lernen dazu. Ganz schlecht, wenn du dich unter Druck setzt und im Stress bist. Prima hingegen, wenn du den Stoff spannend findest. Und auch gut, wenn du dich über Lerninhalte so richtig aufregen kannst. Dadurch setzt du dich fast unbemerkt mit dem Thema auseinander und hast eine geeignete Speicherschublade im Kopf bereits aufgezogen. Wissenschaftlich nachgewiesen ist auch, dass man sich besser erinnern und Dinge behalten kann, je mehr Sinne man einsetzt.

Power durch Pausen

Auch wenn du die besten Lernstrategien in diesem Buch entdeckt hast und dir die Büffelei insgesamt leichter fällt, wird Lernen für die Schule weiterhin unter den Oberbegriff »Arbeit« fallen. Denn es ist schon eine ganze Menge, was man in den zehn bis 13 Schuljahren alles aufnehmen soll. Angefangen vom Alphabet und dem Schreibenlernen bis hin zu den kompliziertesten Matheformeln ist für ein Schülerhirn täglich Höchstleistung angesagt. Zu viel davon macht nicht nur matt im Kopf, sondern auch körperlich richtig schlapp. Wenn du also in der Schule ohne Rücksicht auf Verluste – also ohne auf deine Seele und deinen Körper zu achten – powerst, wird sich das rächen. Konzentrationsprobleme und schmerzhafte Verspannungen können die Folge sein. Deshalb solltest du genügend Büffelpausen einlegen und

- Du merkst dir 20 Prozent von dem, was du hörst.
- Du merkst dir 30 Prozent von dem, was du siehst.
- Du merkst dir 50 Prozent von dem, was du hörst und siehst.
- Du merkst dir 70 Prozent von dem, was du hörst und siehst, wenn du danach gleich darüber redest.
- Wow! Du merkst dir 90 Prozent von dem, was du sowohl hörst als auch siehst, worüber du redest und was du selbst hautnah erlebt oder getan hast.

sinnvolle Entspannungstipps nutzen, um wieder topfit in die nächste Runde zu gehen.

Keine Panik!

Was nutzt die beste Lernstrategie, wenn einem die Panik vor Prüfungen das Erlernte in Lichtgeschwindigkeit aus dem Gehirn beamt. Deshalb findest du in diesem Buch natürlich auch eine Menge Möglichkeiten, deine Gedanken schnell wieder zu sammeln – selbst wenn du meinst, sie sind in einem fernen Sonnensystem verstreut.

Alles, was sonst noch nervt

Damit können nur die Lehrer gemeint sein, oder? Schlag doch mal in der – nicht ganz ernst gemeinten – Lehrertypologie nach, ob du deine Lehrer wiedererkennst. Praktisch – und ernst gemeint – deshalb die Tipps, wie du die verschiedenen Lehrertypen um den Finger wickeln kannst. Das ist fast so, wie sich das Zeugnis selber schreiben.

Weil Lehrer manchmal aber auch richtig fies sein können, findest du jede Menge Antworten, wie du mit den Problemfällen unter ihnen umgehen kannst.

WELCHER LERNTYP BIST DU?

Hier geht's auch schon los auf deinem Weg zum Schlaumeier ohne Stress. Um die Schule und den ganzen Lernstoff mit einem Lächeln auf den Lippen locker hinter dich zu bringen, brauchst du eine ganz wichtige Info: Welcher Lernstil passt am besten zu dir? Dabei gilt natürlich immer, dass du Deutsch, Englisch, Mathe, Geschichte ... ganz unterschiedlich aufbereiten kannst. Trotzdem fällt dir Lernen leichter, wenn du Rücksicht auf deine individuellen Stärken nimmst.

Die Schulpsychologie unterscheidet in visuelle (sehen), auditive (hören) und kinästhetische (fühlen) Lerntypen. Kleines Beispiel: Visuelle Lerntypen behalten Vokabeln am besten, wenn sie zu den Begriffen Bildchen malen. Auditive Typen besprechen eine Kassette mit dem Lernstoff, und kinästhetische Typen entwickeln Experimente oder fassen die Gegenstände an, um sich die Wörter merken zu können.

Kombinierst du unter den verschiedenen Lerntypen, ist das wie die Multiplikation deiner Möglichkeiten – die Quote der Dinge, die du behalten sollst, steigt an wie ein Thermometer im Hochsommer.

Check deine Stärken

1 Wo hast du am liebsten gespielt, als du noch klein warst?

A im Haus, in der Wohnung
B auf einer Wiese, im Wald oder auf einem Spielplatz
C mal hier, mal da

2 Deine Lieblingsfächer in der Schule sind ...
(hier darfst du zwei Kreuzchen machen)

A Bio	**E** Musik	**I** Erdkunde
B Chemie	**F** Kunst	**J** Sport
C Physik	**G** Deutsch	**K** Religion/Ethik
D Mathe	**H** Fremdsprachen	**L** Informatik

3 Du planst eine Party. Wie kommst du an witzige Einladungskarten?

A Ich kauf welche im Schreibwarenladen.
B Ich bastle sie mit einem Grafik-Programm am PC zusammen.
C Ich zeichne sie selbst.

4 Super! Du verbringst deine Sommerferien auf der Insel Ibiza. Was gefällt dir am besten?

A am Strand faulenzen
B in den angesagten Discos abtanzen
C mit dem Mountainbike die Insel erkunden

5 **Was vermisst du an knallheißen Sommertagen am ehesten?**
A ein Eis **B** einen Ventilator **C** das Meer

6 **Wenn du dich verknallt hast, wünscht du dir von deinem Schwarm als Erstes ...**
A ... seine/ihre Telefonnummer
B ... ein Foto von ihm/ihr
C ... seine/ihre Adresse

7 **Wie beschreibst du dein Zimmer?**
A chaotisch **B** gemütlich **C** clean

8 **Was glaubst du, schätzen deine Freunde am meisten an dir?**
A dass ich bei Problemen immer einen Rat weiß
B mein Händchen für die coolsten Outfits
C meine Hilfsbereitschaft

Hier gibt's die Auflösung

Zunächst einmal zählst du deine Punkte zusammen und findest so heraus, welcher Lerntyp du bist. Im Kapitel »Alles easy! Lernstrategien« (Seite 46 ff.) sind die einzelnen Methoden für jeden Lerntyp dann detailliert beschrieben.

2 Punkte

1b 2e 2g
2h 2k 3a 4b
5b 6a 7b 8b

Strichliste

1 Punkt

1a 2b 2f
2i 2l 3c 4c
5c 6b 7c 8a

Strichliste

3 Punkte

1c 7a 2c
2j 6c 2a 8c
3b 2d 4a 5a

Strichliste

3 Punkte x _____ = _____

2 Punkte x _____ = _____

1 Punkt x _____ = _____

Gesamt: ________ Punkte

8 bis 13 Punkte – Alles im Blick!

Ganz klar, dein stärkster Sinn ist der Sehsinn. Mit deinen Augen scannst du deine Umwelt förmlich ab und speicherst so die wichtigsten Informationen. Und weil du auf alles ein Auge wirfst, würdest du jederzeit einen Kindergartenkameraden wiedererkennen – auch wenn er sich die Haare rot-weiß-gestreift gefärbt hätte und von der Zwergengröße eines Dreijährigen auf Basketball-Star-Maße herangewachsen ist. Nur – sein Name, der würde dir vermutlich in hundert Jahren nicht wieder einfallen! Deinen Durchblick hingegen solltest du dir auch beim Lernen zu eigen machen. Verschwende dein Taschengeld deshalb nicht für teure Lernkassetten, sondern investiere in dicke Filzstifte und Posterpapier. Mit Schaubildern, Grafiken und Illustrationen kannst du deine Lernziele am schnellsten erreichen. Das ist garantiert ganz einfach für dich, denn in Kunst oder Erdkunde solltest du eigentlich gute Noten haben.

14 bis 19 Punkte – Ganz Ohr!

Du hörst ganz richtig, denn als auditiver Lerntyp liegen dir nicht nur Fremdsprachen gut, du lernst sie auch am besten, wenn du deinen Siegersinn dabei nutzt. Was das heißt? Ganz einfach: Beim Pauken solltest du immer die Ohren aufhalten. Also nicht still vor dich hin denken, sondern den Stoff laut vorlesen und Vokabeln genau wie Mathe- oder Chemieformeln immer wieder geräuschvoll herunterrasseln. Klar ist bei dir auch Musik während deiner Lern-Sessions erlaubt. Egal ob Madonna oder Mozart, Robbie Williams oder Vivaldi: Bei dem richtigen Sound kannst du dich besser konzentrieren, weil deine Gedanken im Gleichklang sind.

20 bis 24 Punkte – Fühler ausgestreckt!
Wie heißt das gleich noch mal? Kinästhetisch? Auch wenn du diesen Begriff bisher noch nie gehört hast, trifft er auf dich und deinen Lernstil zu. Das heißt übrigens nichts anderes, als dass du am besten durch Ausprobieren, Spielen und viel Bewegung begreifst. Logisch, Sport gehört sicher zu deinen Lieblingsfächern! Und wenn es eine Theater-AG an deiner Schule gibt, kannst du dich da perfekt austoben. Aber auch beim Vokabelnlernen solltest du deine kinästhetische Kompetenz nutzen. Also nicht einfach die Begriffe auswendig lernen, sondern mit ihnen beispielsweise ein Rollenspiel versuchen. Das funktioniert schon, wenn du aus dem Lernstoff einen Smalltalk in der jeweiligen Fremdsprache mit einem Freund oder einer Freundin durchziehst.

TICKST DU RICHTIG?

Zeitmanagement

Morgens kommst du nicht aus dem Bett, in der Schule gähnst du dich durch den Unterricht, als ob du damit ins Guinness-Buch kommen wolltest, am Nachmittag musst du erst einmal eine Runde schlafen. Und wenn du endlich an deine Hausaufgaben denken kannst, schicken dich deine Eltern schon wieder ins Bett. Ein klarer Fall von falschem Braining!

TOPFIT DURCH DEN TAG

Du hörst wahrscheinlich eher auf deinen CD-Player oder die neueste Folge deiner Lieblings-Soap als auf deine innere Uhr. Wenn die aber aus dem Takt gekommen ist, siehst du schnell alt aus! Das ist übrigens auch wissenschaftlich bestätigt, denn die so genannte Chronobiologie (griechisch chronos = Zeit; Biologie = Lehre vom Leben) hat herausgefunden, dass der Mensch im 24-Stunden-Rhythmus lebt. Und dass Kopf und Körper dabei zu jeder Stunde bestimmte Stärken und Schwächen haben. Wer seinen internen Stundenplan kennt, kann seine individuelle Erfolgskurve nutzen. Und genau das wird Braining genannt, was soviel bedeutet wie »Leben mit Köpfchen«.

6 Uhr: Pssssst! Alles schläft noch!

Ja genau, du darfst dich ruhig noch einmal gemütlich umdrehen. Denn bevor dich deine innere Uhr aus den Federn befördert, muss erst einmal dein Body in die Gänge kommen. Dazu funktionieren die Nebennieren wie eine Art körpereigene Kaffeemaschine. Sie produzieren den Muntermacher Traubenzucker und das Hallo-Wach-Hormon Cortisol. Damit werden Mineralhaushalt und Stoffwechsel angekurbelt, die einem später den Kick zum Aufstehen geben.

6.30 Uhr: Raus aus dem Bett!

Auch wenn du am liebsten weghören würdest, dein innerer Wecker klingelt wie eine Alarmanlage! Kein Wunder, denn Hautzellen und Verdauungsorgane finden, dass jetzt die beste Zeit für ihre Versorgung ist. Also nichts wie unter eine erfrischende Dusche! Und danach gleich ran an den Esstisch mit einem leckeren Frühstück. Dazu solltest du dir mindestens 15 Minuten Zeit nehmen. Dabei kannst du gleich dei-

ne innere Uhr aufziehen – und zwar mit den richtigen Energielieferanten aus Kohlenhydraten, Vitaminen und Eiweiß.

7 bis 8 Uhr: Last-Minute-Lernen

Hmmmm, du hast gut gefrühstückt, dein Körper und dein Kopf laufen zu ihren ersten Höchstleistungen auf. Vor allem das Kurzzeitgedächtnis dreht zu dieser frühen Stunde mächtig auf. Praktisch, wenn eine Klassenarbeit oder ein Test bevorsteht. Denn jetzt kannst du dir zum Beispiel Vokabeln und Geschichtsdaten noch auf die Schnelle eintrichtern. Das funktioniert auch im Zug oder Bus auf dem Weg zur Schule!

Frühstückspower:
Mit einem guten Tag rechnen

Cornflakes, Müsli oder
Vollkornbrot
+ Früchte oder Saft
+ Quark, Frischkäse,
Joghurt oder Milch
= Fit für den Tag

9.30 Uhr: Start frei für Höchstleistungen

Ob sich einer was dabei gedacht hat? Um diese Zeit finden nämlich die großen Pausen an den Schulen statt. Und das ist richtig clever, denn jetzt brauchst du dringend Sauerstoff, weil dein Kopf in den nächsten Stunden in Topform sein wird. Eine Extraportion frische Luft tankst du, wenn du dich dabei bewegst. Also ran an den Streetball-Korb, ein wenig hüpfen, tanzen oder eine Runde um den Schulhof joggen.

10 bis 11 Uhr: Brain-Storming

Nach der Sauerstoffdusche weht ein frischer Wind im Hirn, denn dein Kreislauf arbeitet auf Hochtouren und »bläst« jede Menge Energie durch deinen Körper. Klassenarbeiten, Tests, Prüfungen – in dieser Vormittagsstunde bist du bereit, die kniffligsten Fragen mit links zu lösen. Bestimmt hat selbst Einstein seine Relativitätstheorie zwischen 10 und 11 Uhr entwickelt. Tipp: Bei schwierigen Klassenarbeiten, die sich über mehrere Stunden hinziehen, spar dir diese Zeit für die besonders gemeinen Aufgaben auf.

12.30 Uhr: Mach mal Pause

Puh, geschafft! Die erste Hochleistungshürde für den Tag hast du genommen und – falls dein Braining stimmt – erfolgreich hinter dich gebracht. Höchste Zeit, mal abzuschalten! Wenn da nicht diese blöde letzte Schulstunde noch wäre! Mit diesen Tricks hältst du trotzdem durch: Hände im Sitzen hinter dem Rücken verschränken, tief einatmen und dabei die Arme ausstrecken und nach hinten drücken. Spannung einige Atemzüge lang halten, Arme lockern und seitlich ausschütteln. Einen Kick für den Kreislauf verschaffst du dir mit Fußkreisen. Rechten Fuß leicht anheben, Fußgelenk eine Minute kreisen lassen. Mit dem linken Fuß wiederholen!

Übrigens ist selbst Gähnen erlaubt. Durch die weite Öffnung des Mundes und den tiefen Atemzug beim Gähnen sicherst du dir nämlich eine Extraportion Sauerstoff, die dein Gehirn jetzt dringend nötig hat, um wach und aufnahmefähig zu bleiben. Das solltest du auch deinem Lehrer erklären – falls er befürchtet, dass er dich langweilt!

13.30 Uhr: Fitness gegen Faulheit

Du bist nach dem Mittagessen völlig fertig? Das liegt nicht unbedingt an deiner Menüauswahl, sondern an dem Leistungstief, das dich jetzt voll erwischt. Der Grund: Die Blutzirkulation läuft nicht im Kopf, sondern im unteren Teil des Körpers auf Hochtouren – schließlich müssen Schnitzel & Co. verdaut werden. Also wirklich kein guter Zeitpunkt, um nachzudenken. Verschieb deine Hausaufgaben deshalb nach hinten und geh raus an die frische Luft. Weil Bewe-

gung und Sauerstoff die Müdigkeit vertreiben, hat es der Körper ganz schlau eingerichtet, dass die Elastizität deiner Knochen in dieser frühen Nachmittagsstunde am höchsten ist. Wenn du schon lange mal Grinden oder die neuesten Airs auf der Halfpipe ausprobieren wolltest, ist jetzt die beste Zeit zum Skaten – und natürlich für jede andere Art der Bewegung.

14 bis 15.30 Uhr: Fürs Leben lernen

Eineinhalb Stunden, die du ausnutzen solltest! Lernst du jetzt Vokabeln, wirst du sie auch noch im Rentenalter wissen. Steht eine schwierige Klassenarbeit an, kapierst du den Stoff am besten. Also auch Nachhilfestunden immer zu dieser Zeit buchen, damit es sich lohnt. Dein Langzeitgedächtnis läuft nämlich gerade zu Höchstleistungen auf und gibt jede Menge

Speicherplatz für neuen Stoff frei. Der Energieschub sorgt nicht nur beim Lernen für das entsprechende Fingerspitzengefühl. Wenn du Gitarre, Klavier oder Keyboard spielst, ist das die günstigste Tageszeit für Übungen und neue Griffe.

16 Uhr: Schmerz, lass nach!

Du fühlst dich wie betäubt? Okay, nach dem vorangegangenen Gehirnjogging ist mal wieder Pause angesagt. Aber abgesehen davon lässt die Schmerzempfindlichkeit um diese Tageszeit um bis zu 50 Prozent nach. Ein guter Grund, um z.B. Zahnarzttermine auszumachen. Schade nur, dass man Krankheiten, Stürze und alles andere, was wehtut, nicht einfach immer um 16 Uhr erledigen kann.

17.30 bis 19 Uhr: Olympiareif

Hoffentlich bist du mit den Hausaufgaben durch, denn jetzt ist Body-Power pur angesagt. Damit du nämlich bis zum Schlafengehen wirklich wach bleibst, nimmt der Körper extra viel Sauerstoff auf. Und das hat zur Folge, dass selbst die kleinste Muskelfaser einen Energiekick erhält. Dadurch fällt dir jede körperliche Anstrengung viel leichter, deine Reflexe und Reaktionen erreichen Bestform. Dass das Training wirklich weniger Kraft kostet, haben Tests an Hochleistungssportlern um diese Tageszeit bewiesen.

19.30 Uhr:
Alle Antennen auf Empfang

Musik hören, einen tollen Film anschauen oder lecker essen! Dazu ist jetzt der richtige Zeitpunkt gekommen. Ganz einfach, weil nach Schule und Sport alle Sinne besonders sensibilisiert sind. So klingt dein Lieblings-Sound besonders toll und Fernsehbilder wirken extra intensiv – eine gute Zeit für Gruselfilme, denn bis zum Schlafengehen bleibt noch genügend Zeit, damit der Horror nachlässt!

Auch Zuhören klappt jetzt richtig gut. Deshalb gilt: Wenn du deine Eltern davon überzeugen möchtest, dass du unbedingt ein neues Fahrrad brauchst oder alt genug bist, um mit deinen Freunden in Urlaub zu fahren, werden sie zu keiner anderen Tageszeit besser auf deine Argumente hören. Aber Achtung: Falls du möchtest, dass sie eine schlechte Note nicht so genau mitbekommen, solltest du ihnen die Hiobsbotschaft lieber in einer Phase der Leistungstiefs überbringen.

So viel Schlaf muss sein

- 20 Prozent der Menschen sind Kurzschläfer – sie benötigen nur sechs Stunden und weniger Schlaf.
- 70 Prozent sind Normalschläfer mit sieben bis neun Stunden Schlaf.
- 10 Prozent sind Langschläfer mit mehr als neun Stunden Schlaf.

22/23 Uhr: Na dann, gute Nacht!

Wenn du ein Normalschläfer bist und etwa sieben bis neun Stunden schlummerst, heißt es jetzt ab ins Bett! Dadurch erwischst du nämlich die beste Zeit für die Tiefschlafphase etwa vier Stunden nach dem Einschlafen zwischen drei und vier Uhr nachts. Ganz wichtig ist die richtige Schlafumgebung. Also nicht auf der Couch vor dem Fernseher, sondern im bequemen Bett, am besten bei einer durchschnittlichen Raumtemperatur von 18 Grad. Wichtig auch, dass weder Computer noch andere Elektronik ins Schlafzimmer gehören. Bei TV und Stereoanlage solltest du unbedingt auf Standby verzichten, weil du sonst krank machendem Elektrosmog ausgesetzt bist. Und wenn du zu den Glücklichen gehörst, die ein eigenes Telefon besitzen, solltest du die Ladestation auf jeden Fall aus deinem Zimmer verbannen. Mediziner haben nachgewiesen, dass die Strahlung, die diese Geräte abgeben, so enorm hoch ist, dass sie für Kopfschmerzen und Migräneanfälle verantwortlich ist.

JAGD AUF ZEITDIEBE

Super, wenn du weißt, wie deine innere Uhr tickt. Aber der ganze Bio-Rhythmus gerät schnell aus dem Takt, wenn dein persönliches Timing immer wieder gestört wird. Das gilt vor allem für die Zeit, die du zum Lernen brauchst.

So verlangen vielleicht deine Eltern, dass du dein Zimmer aufräumst, obwohl du gerade in Topform für Tangentenberechnungen wärst. Oder aber ein Freund oder eine Freundin stehen unangemeldet vor der Haustür, weil sie dir erzählen müssen, wen sie gerade beim Knutschen gesehen haben. Klar, dass dich das auch brennend interessiert! Trotzdem solltest du solche Infos so oft wie möglich nach hinten verschieben – immer nach dem Motto »Was du nicht weißt, macht dich nicht heiß«. Denn wer sich in einer High-Speed-Konzentrationsphase stören lässt, benötigt danach mindestens eine Viertelstunde, um beim Denken wieder Gas zu geben. Und wenn du Pech hast und in eine Pausenstunde rutschst, dauert es sogar noch länger! Besser: Die 15 Minuten, die du gespart hast, für das Telefonat mit deinen Freunden nach den Hausaufgaben verwenden – so hast du nach Adam Riese gar keine Zeit verloren.

Zeit für Plan A, B und C

Nächste Woche Mathe-Klassenarbeit! Übermorgen Referat in Erdkunde! In 14 Tagen die Rolle für die Theater-AG auswendig lernen! Nebenbei haben die Nachbarn noch angefragt, wann du mal wieder babysitten oder den Rasen mähen kannst. Und Oma hat auch bald Geburtstag und du wie immer kein Geschenk! Da fragst du dich spätestens in einer Sekunde des Luftholens, wieso Erwachsene immer von Stress reden? Aber keine Panik – mit dem richtigen

Zeitmanagement bekommst du deine Termine nicht nur in den Griff – für dich springt auch noch ein Plus an Freizeit raus.

Die Kunst der richtigen Planung ist in einem kleinen Organizer versteckt – völlig egal, ob du mit einem Palm die elektronische Variante bevorzugst oder doch lieber schwarz auf weiß deine Termine auf ein Blatt Papier schreibst. Hauptsache ist, du verschaffst dir überhaupt einen Überblick über das, was du alles vorhast. Dabei kannst du gleich checken, ob du einen 30-Stunden-Tag brauchst, weil deine Verpflichtungen und Spaß-Termine insgesamt zu üppig ausfallen.

Beherrschst du die Mengenlehre in puncto Vorhaben und weißt, dass du alles unter einen Hut bekommst, musst du nur noch Prioritäten setzen. Das heißt, du organisierst deinen Tag nach der Wichtigkeit der zu erledigenden Dinge. Dazu ordnest du die einzelnen Aufgaben in A-, B- oder C-Kategorien. Eine A-Aufgabe – also besonders wichtig – ist natürlich das Pauken für die Klassenarbeit am nächsten Tag. Schreibst du sie allerdings erst eine Woche später, könnte die Büffelei noch in die B-Kategorie wandern. Dann kannst du nämlich entscheiden, ob du an diesem Tag noch Lust zum Nachdenken hast oder lieber zum Inline-Skaten gehst. Omas Geburtstag gehört eher in die C-Kategorie – weil sie sich notfalls auch über ein süßes Foto oder einen selbst gebackenen Kuchen von dir freut.

AAA – Das Top-Trio für dein Timing

Ganz wichtig – niemals mehr als drei A-Aufgaben pro Woche in deinen Terminkalender eintragen – am besten immer zu Zeiten, wenn du top leistungsfähig bist. Denn A-Aufgaben sind unaufschiebbar! Du solltest sie also wirklich erledigen, damit du nicht völlig gestresst bist. Abgesehen davon verführen mehr A-Aufgaben dazu, die meist angenehmeren B- und C-Aufgaben zu verschieben.

Zeitreserven schaffen

Herzrasen, Schweißausbrüche und Zitterknie vor lauter Stress bleiben einem erspart, wenn man seinen Tag nicht komplett verplant. So sieht die perfekte Zeitrechnung aus:

* 60 Prozent für geplante Action: Hausaufgaben, Sport, Hobbys ...
* 20 Prozent für unerwartete Action: nervende Eltern oder Geschwister, Besuche, Telefonate ...
* 20 Prozent für spontane Action: Freunde, Kino, Shoppen, Chatten ...

Time out!
Weißt du, wie deine innere Uhr tickt?

Beantworte die folgenden Fragen mit Ja oder Nein, und schon weißt du, ob du das richtige Feeling für deine (Frei-)Zeit hast.

1 **Nervst du deine Familie damit, dass du morgens immer am längsten das Bad blockierst?**

❏ Ja ❏ Nein

2 **Vergisst du oft Termine – vom Zahnarztbesuch bis zur Geburtstagsfete?**

❏ Ja ❏ Nein

3 **Stellst du mindestens zweimal in der Woche fest, dass du schon wieder zu spät dran bist?**

❏ Ja ❏ Nein

4 **Weißt du nach einem Telefonat mit deiner besten Freundin/deinem besten Freund, wie lange du gequatscht hast?**

❑ Ja ❑ Nein

5 **Passiert es dir manchmal, dass du mehrere Verabredungen zur gleichen Zeit triffst?**

❑ Ja ❑ Nein

6 **Schaffst du dein Lernpensum selten in der Zeit, die du dafür vorgesehen hast?**

❑ Ja ❑ Nein

Auflösung

Vier und mehr Ja-Antworten:
Wahrscheinlich ahnst du es schon – deine innere Uhr muss dringend richtig gestellt werden! Sie geht ziemlich nach – so oft, wie du dich verspätest oder in deinem Timing verzettelst. Woran das liegt? Ganz einfach: Du nimmst dir einfach zu viel vor, weil du es allen recht machen willst. Schön, wenn du Harmonie liebst, aber trotzdem ist es wichtig, auch mal »Nein« zu sagen. Und das gilt vor allem dann, wenn du noch die Spülmaschine ausräumen, den Müll rausbringen und dein Zimmer staubsaugen musst, obwohl deine Freunde gerade angerufen haben, weil sie sich in einer Viertelstunde vor dem Kino treffen wollen. Klar, dass du in den totalen Stress gerätst, wenn du immer alles unter einen Hut bringen willst. Dabei weißt du tief in deinem Inneren, dass das nicht funktionieren kann, denn auf zwei und mehr Hochzeiten gleichzeitig tanzen geht eben nicht. In einem solchen Fall musst du dich entscheiden, ob gerade die Harmonie mit den Eltern oder die Harmonie mit den Freunden am dringlichsten ist.
Verteil deine Zeit nicht zu einseitig!

Weniger als vier Ja-Antworten

Kompliment, dein Timing funktioniert ziemlich gut. Ganz einfach deshalb, weil du deine Termine perfekt in »wichtig« und »unwichtig« sortierst. Außerdem kennst du sehr genau deine innere Uhr für deine Stärken und Schwächen. Du nutzt instinktiv die optimalen Zeiten für optimale Ergebnisse in Schule, Spaß und Sport. Dabei solltest du nur ein wenig aufpassen, dass du nicht deine ganze Zeit auf die Sekunde verplanst. Denn vor lauter Organisiertsein könntest du die kleinen Spontaneitäten verpassen, die doch eigentlich erst den richtigen Pep ins Leben bringen.

Tipp:

Versuch, jeden Tag ein wenig Luft in deinem Time-Table zu lassen, damit dich ein längeres Telefonat mit einer Freundin oder einem Freund nicht gleich aus deiner täglichen Umlaufbahn wirft. Du wirst schnell merken, dass es gerade die kleinen, ungeplanten Aktionen sind, die dir eine Portion Extra-Fun bringen und dich alle Pflichten leichter erledigen lassen.

Echt zeitraubend ...

- Du verschläfst 26,7 Jahre deines Lebens.
- Du bist 4,3 Jahre mit Essen beschäftigt.
- Du telefonierst vier Monate am Stück.
- Du hast 15,6 Jahre Spaß mit deinen Freunden.
- Du sitzt sechs Jahre lang vor dem Fernseher rum.

PLATZ DA!

Organisierte Ordnung

Chaos auf dem Schreibtisch, Unordnung in der Schultasche, Durcheinander im Kopf? Jetzt wird erst mal aufgeräumt, denn hier gibt's die besten Strategien, wie du um dich herum Ordnung schaffst. Das sorgt nämlich auch für den richtigen Durchblick beim Denken!

WO IST EIGENTLICH ...?

Einer der schlimmsten Zeitdiebe ist die Sucherei. Wo war bloß die Formelsammlung, an welchen Platz hast du das Deutsch-Referat verräumt und wie sollst du das Englisch-Vokabelheft wiederfinden – ja und wo ist überhaupt der Schreibtisch?
Der Spruch »Nur ein Genie beherrscht das Chaos« trifft dabei wirklich voll zu – schließlich ist es eine geniale Meisterleistung, in Bergen von Heften, Büchern, Stiften und Mappen etwas wiederzufinden. Nur um die Minuten oder sogar Stunden ist es echt schade, die du mit der lästigen Sucherei verschwendest. Denn diese Zeit musst du von deiner Freizeit streichen! Und eine Menge Energie geht ganz nebenbei auch noch drauf.

Aufräumen ist angesagt! Echt: Wenn du einmal ein Ordnungssystem auf deinem Schreibtisch entwickelt hast und dich daran hältst, musst du nie wieder aufräumen – das geht dann praktisch von selbst.

Ganz schön ordentlich: Hier sind die Vorteile einer Aufräum-Arie auf einen Blick:

- **Du sparst Zeit, weil du die Dinge schneller findest.**
- **Du kannst leichter lernen, weil du den Überblick behältst.**
- **Du hast Platz für Neues auf deinem Schreibtisch.**
- **Du hast einen klaren Kopf, weil sich dein Blick nicht mehr im Chaos verläuft.**
- **Dein Selbstbewusstsein steigt, weil du stolz darauf sein kannst, wie du alles in den Griff bekommst.**

Schritt 1: Ziel erfassen!

Zugegeben, das Schwierigste am Aufräumen ist der Anfang. Vielleicht hast du auch schon oft vor deinem Schreibtisch gesessen und dir gesagt: »Ich müsste mal wieder dringend aufräumen!« Klar, so eine Aussage ist superleicht und superschnell gemacht, sie lässt sich nämlich beliebig nach hinten verschieben! Setzt du dir aber ein konkretes Ziel und bestimmst ein genaues Timing für deinen Chaos-Beseitigungstag, gelten keine Ausreden mehr. Schau in deinen Terminplaner (siehe auch Kapitel »Tickst du richtig?«, Seite 20 ff.) und bestimme das Aufräumen zur A-Aufgabe. Dafür legst du ein Datum und einen Zeitraum fest.

Beispiel:

27.2., 15 bis 17 Uhr:

- **Schreibtisch entrümpeln**
- **Müll entsorgen**
- **Themen sortieren**
- **Ablagefächer einrichten**

So präzise formuliert kannst du deine Ziele nicht nur abarbeiten, sondern ganz schnell auch abhaken – und zwar als erledigt!

Schritt 2:
Das Who is Who auf deinem Schreibtisch

Check zunächst einmal, was sich so alles auf deinem Schreibtisch angesammelt hat. Kaugummipapier, Comics, Computerzeitschriften, die verloren geglaubte Lieblings-CD und die Adresse von deinem Ferienflirt – begraben unter Tonnen von Büchern, Heften, Mappen, Infoblättern ...

Da hilft nur noch eins: einmal den Schreibtisch richtig leer fegen! Sichte dann in Ruhe den Chaos-Berg auf deinem Fußboden und finde für die verschiedenen Dinge Oberbegriffe. Diese Oberbegriffe notierst du auf DIN-A4-Blättern. Das könnte so aussehen:

Malsachen

Comics & Zeitschriften

Briefe & E-Mails

Schulhefte

Schulbücher

Krimskrams

Müll

Verteile die DIN-A4-Zettel großzügig in deinem Zimmer. Jetzt geht es darum, den Chaosberg abzubauen. Dazu ordnest du jedes Einzelteil den verschiedenen Oberbegriffen zu. Und weil alles, was die Schule betrifft, Chefsache ist, packst du alles, was nicht die Schule betrifft, in Schubladen oder Regale – oder in den Papierkorb. Zutritt zu deinem Schreibtisch haben ab sofort nur noch Schulhefte, Schulbücher und Schreibutensilien.

Schritt 3: Farbe bekennen

Damit du den Überblick über die Schreibtischoberfläche nicht gleich wieder verlierst, lautet die Zauberformel »Einordnen statt Stapeln«. Und das funktioniert nicht anders als bei einem Computer. Stell dir also vor, dein Schreibtisch arbeitet wie der Desktop (d)eines PCs. Du legst für die verschiedenen Themen verschiedene Ordner an. So bekommt Erdkunde einen eigenen Ordner, genauso wie Französisch, Deutsch, Mathe ...

Übrigens:

Keine Angst vor Büromief mit langweilig grauen Aktenmonstern. Es gibt witzige, bunte Schachteln, mit denen du dein Ablagesystem fröhlich-freundlich gestalten kannst. Solche Papp-Faltboxen oder Ablagefächer aus Kunststoff bekommt man zum Taschengeldpreis in jedem Möbel-Mitnahmemarkt. Und wenn es um das Thema Ordnung geht, zeigen sich Eltern auch gerne äußerst spendabel ...

Perfekt bist du, wenn du dem Ablagesystem für die verschiedenen Schulfächer auch noch unterschiedliche Farben zuordnest. Bekommt Biologie beispielsweise die Farbe Grün, sollten auch die Heftumschläge grün sein. So findest du auf einen Blick alles, was du zum Lernen für jedes beliebige Fach benötigst.

Das gilt natürlich auch für deine Schultasche, denn das Farbsystem setzt sich auch hier durch und du hast mit einem Griff das richtige Heft in der Hand.

Top Five – Fünf coole Aufräumtipps

Schön, wenn dein Schreibtisch blitzt und alles sauber verteilt ist. Weniger schön, wenn der Rest deines Zimmers im Chaos versinkt und das Erreichen deines Schreibtisches mit der Besteigung des Mount Everest zu vergleichen ist. Dann dauert es bestimmt nicht lange, bis auch die schönen, freien Flächen deines Arbeitsplatzes wieder zugemüllt sind – ganz einfach, weil du nicht weißt, wohin mit dem ganzen Krempel.

Deshalb gilt:

1 Wirf weg, was nur geht. Aufräumexperten sind sicher, dass jedes Teil, das wir besitzen, unsere Aufmerksamkeit fordert. Selbst der alte, kaputte Walkman wird dich dazu verleiten, ihn irgendwann wieder in die Hand zu nehmen – nur um zu sehen, ob du nicht doch noch was mit ihm anfangen kannst. Also lieber gleich weg damit!

Sortiere wirklich konsequent aus. Was willst du noch mit den 158 Matchbox-Autos oder den 20 Party-Barbies? Kleiner Aufräumanreiz: Verkauf die Sachen, von denen du dich trennen kannst, auf dem nächsten Flohmarkt, um dein Taschengeld aufzubessern.

2 Fällt es dir schwer, dich von Dingen zu trennen (z.B. deine über Jahre hinweg angesammelten Ü-Eier-Figuren), packst du sie in eine Kiste, die du verschließen kannst. Beschrifte die Kiste mit dem aktuellen Datum und verstaue sie im Keller. Ist der Keller nach einem Jahr überfüllt und bettelt deine Mutter um eine kleine Nische, dann gehe zurück zu Punkt **1**.

3 Dinge, die du überhaupt nicht vermisst hast und ehrlicherweise in Zukunft auch nicht vermissen wirst, kannst du entweder verkaufen, verschenken oder (wenn sie sich dazu nicht mehr eignen oder niemand sie will) wegwerfen! Vor dem Wegwerfen aber noch mal genau prüfen, ob du dich wirklich davon trennen willst.

4 Einmal am Tag – am besten vor dem Schlafengehen – schaust du dich noch einmal genau in deinem Zimmer um. Alles, was du auf die Schnelle aufräumen kannst, packst du weg. So kannst du ohne Oberchaos in den neuen Tag starten.

5 Einmal in der Woche reservierst du dir eine halbe Stunde zum Aufräumen.

s=v*t

ALLES EASY!

Lernstrategien für alle Fälle

Schneller, besser und vor allem effektiver lernen – kurzum in null Komma nichts den Stoff so reinpauken, dass er wirklich sitzt? Mit den richtigen Methoden ist das möglich, denn schlaue Schüler haben für jede Fächerkombination ihre eigene Strategie.

MATHE & CO.

Lerntipps für mathematisch-naturwissenschaftliche Fächer

Verzwickte Formeln bringen dich nicht länger um den Verstand, wenn du in Fächern wie Mathe, Physik und Chemie den Raum-Trick beim Lernen anwendest. Dahinter steckt nichts anderes, als dass du den Lernstoff nicht nur stur auswendig paukst, sondern ihn auch visualisierst. Im Klartext: Du ordnest jeder Regel, jeder Zahlenkolonne oder jeder komplizierten Formel ein Bild zu. Und das ist deshalb richtig clever, weil du mit diesem »Kino im Kopf« beide Gehirnhälften aktivierst. Du speicherst den Stoff also doppelt gut!
Und so funktioniert's:

Formeln lernen

Willst du dir beispielsweise eine physikalische Formel zum Thema Elektrizität merken, platzierst du sie bildhaft neben dem Sicherungskasten. Mathematische Regeln sind perfekt vor dem Computer im Arbeitszimmer deiner Eltern aufgehoben, und chemische Formeln findest du jederzeit in der Küche oder im Badezimmer wieder. Um den Stoff mit dem Raum-Trick wirkungsvoll zu verankern, gehst du folgendermaßen vor:

1. Schreibe den Lernstoff auf ein DIN-A4-Blatt.
2. Zeichne unter den Stoff mit wenigen Strichen das jeweilige Zimmer, dem du den Stoff zuordnest.
3. Verteile die Blätter in den jeweiligen Zimmern oder an den entsprechenden Orten.
4. Lerne die Formeln an dem dazugehörigen Ort.

Wenn du deinen Lernerfolg überprüfen willst, musst du nur noch in Gedanken durch die verschiedenen

Zimmer laufen. So findest du deine Formeln garantiert immer wieder – natürlich auch, wenn's ernst wird, also bei der nächsten Klassenarbeit oder beim kommenden Test.

Zahlen merken

Bilder helfen auch dabei, dass du dir locker ganze Zahlenkolonnen oder wichtige Daten (Geschichte) merken kannst. Kleiner Tipp: Das funktioniert nicht nur beim Lernen für die Schule, sondern auch privat, wenn du beispielsweise die Telefonnummer von deinem neuesten Flirt behalten willst.

Beispiel:
0 = Ei
1 = Sprungturm
2 = Schwan
3 = Herz
4 = Segel
5 = dicker Mann
6 = Elefantenrüssel
7 = Sense
8 = Achterbahn
9 = Luftballon

So klappt's:

1. Lege dir zehn Blätter zurecht und schreibe die Ziffern Null bis Neun auf je ein Blatt.
2. Schau die Ziffern genau an und überlege dir ein Symbol, das von der Gestalt her Ähnlichkeit mit der Ziffer hat.
3. Male die Symbole neben die Ziffern.

Wichtig!

Die Symbole solltest du so wählen, dass du Zahl und Zeichnung auf jeden Fall miteinander in Verbindung bringst.

Musst du dir eine Zahlenkolonne beispielsweise innerhalb einer Formel merken oder geht es um ein wichtiges historisches Datum, visualisierst du den Stoff, indem du dir mit deinen Symbolen eine witzige Story zu der entsprechenden Zahl ausdenkst.

Beispiel: Du sollst dir merken, wann die Mauer zwischen Ost- und Westdeutschland gefallen ist. Die gesuchte Jahreszahl lautet 1989. Die Story dazu könnte so aussehen: Vom Sprungturm hüpft ein Luftballon auf die Achterbahn, obwohl das für Luftballons verboten ist.

Unsinn macht Sinn

Je unsinniger die Geschichte ist, desto besser bleibt sie in deinem Kopf – ganz einfach deshalb, weil wir uns alles Ungewöhnliche und Besondere leichter merken können. Alltägliches wandert nämlich schnell in die Abteilung Langeweile und wird somit schlichtweg vergessen!

VOKABELN & CO.

Lerntipps für Fremdsprachen und Deutsch

Neue Begriffe büffeln, Grammatik pauken, Zusammenhänge begreifen, Geschichten analysieren – hier findest du jede Menge Tipps zum Hochleistungslernen – ohne Gefahr schlappzumachen. Das Wichtigste dabei: Leichter lernen funktioniert, wenn du möglichst viele Sinne einsetzt. Deshalb darfst du munter sämtliche Memo-Methoden mixen oder gleich miteinander anwenden. Dein Gedächtnis liebt nämlich Abwechslung, die du ihm mithilfe der folgenden, modernen Eselsbrücken lieferst.

Vokabeln büffeln

Bilder eignen sich bestens, um neue Wörter in Englisch, Französisch oder Latein zu behalten.

1 Schreibe die zu lernenden Wörter auf kleine Klebezettel (Post-it) und pappe sie an die entsprechenden Gegenstände in eurer Wohnung. Willst du also das Wort Kühlschrank auf Französisch behalten, schreibst du »réfrigerateur« auf einen Zettel und klebst ihn an den Kühlschrank. So lernst du die Vokabeln »im Vorbeigehen« – nämlich jedes Mal, wenn du durch die Wohnung läufst.

2 Kombiniere diese Memo-Methode mit dem Karteikasten-System. Dazu schreibst du sämtliche Begriffe, die sich nicht in eurer Wohnung befinden (von Achterbahn bis Zeltlager) auf ein Karteikärtchen und zeichnest das entsprechende Bild dazu.

Wenn du dir nicht so viel Mühe machen willst, kannst du die Vokabeln auch mit Hilfe von Bilder-

DOOR
STUPID DOG
MY SISTER'S DOLL
DIRTY NOODLE

Tipp:
Wenn du kleinere Geschwister hast: Schnapp dir doch die ersten und nicht mehr benötigten Bilderbücher von deiner Schwester/deinem Bruder und schreibe die dazugehörigen Vokabeln unter die Bilder.

Wörterbüchern lernen, die es in vielen Sprachen im Buchhandel gibt.

Ein spannendes Spiel machst du aus deinem Lernpensum, wenn du Rätsel löst. Besorge dir dazu englische oder französische Zeitschriften und nimm dir die Kreuzworträtsel vor. Lass dich nicht frusten, wenn du am Anfang häufig im Wörterbuch nachsehen musst, denn deinen Wortschatz peppst du schon nach wenigen Rätseln superschnell auf.

Film ab!

Richtig leicht fällt das Lernen einer Fremdsprache, wenn du Entertainment in dein Erfolgskonzept einarbeitest. Das bedeutet nichts anderes, als dass du dir beispielsweise Filme in der Originalfassung ansiehst. So bekommst du schnell das richtige Feeling für die Fremdsprache, weil du zu deinem Verstand und deinem Sehsinn noch dein Gehör aktivierst.

Unsynchronisierte Filme bekommt man in der Videothek. Check aber auch den Kinoplan für deine Stadt. Viele Filmtheater bieten Streifen in der Originalsprache als Matinée-Vorstellung beispielsweise sonntagvormittags an. Perfekt, wenn du den Film schon einmal auf Deutsch gesehen hast. So kennst du den Inhalt und kannst dich voll auf die Sprache konzentrieren.

Tipp:

Ein cooler Tipp von Auswanderern, die in ihrem neuen Land sehr schnell eine Fremdsprache lernen müssen: Werbung schauen! Das Prinzip von Reklame basiert auf einer ganz einfachen Verständnisformel: Foto oder Film vom Produkt = Bezeichnung + Name vom Produkt. Witzige Werbung in Englisch, Französisch, Italienisch oder Spanisch bekommst du mit der sogenannten Cannes-Rolle. Das ist ein Film, auf dem preisgekrönte Werbespots aus aller Welt gesammelt und zu den jährlichen Filmfestspielen im französischen Cannes dem Publikum präsentiert werden. Die Cannes-Rolle läuft entweder aktuell im Kino oder sie ist als (Leih-)Video erhältlich.

Ohren auf!

Lernen funktioniert auch mit Vokabelkassetten oder Hörspielen. Dabei werden einzelne Wörter oder Sätze in Deutsch und dann in der Fremdsprache vorgelesen. Die dazwischen liegenden Pausen nutzt du, indem du die Wörter und Sätze nachsprichst.

Wenn dir das zu langweilig ist, probier's doch mal mit Hörbüchern. Hier werden Romane auf CD gesprochen, die du dir ganz bequem auf der Couch vorlesen lässt. Kauf dir ein spannendes Hörbuch in Deutsch und passend dazu das Hörbuch in der entsprechenden Fremdsprache. Lausch den Texten kapitelweise in Deutsch und anschließend in der Fremdsprache. Wie wär's also mal mit Harry Potter auf Deutsch und im Original?

Mit Postern powern

Musst du Vokabeln zu einem ganz bestimmten Bereich wie beispielsweise Reisen oder Einkaufen lernen, darfst du beim Pauken eine richtige Szene machen. Dazu brauchst du ein Zeichenblockblatt (DIN-A3), Filzstifte, Kleber und eine Schere. Schneide

aus Zeitschriften entsprechende Szenen aus oder male sie auf und notiere darunter die dazu passenden Sätze.

Noch witziger wird das Ganze, wenn du dir zu dem Lernbereich einen Comicstrip ausdenkst. Dazu zeichnest du die entsprechenden Szenen und malst zusätzlich Sprechblasen, in die du die Dialoge einbaust.

Geschichten erfinden

Was für Zahlen und Daten gilt, funktioniert auch mit Vokabeln. Bau die Begriffe, die du lernen sollst, in eine freche Geschichte ein und erzähl sie deinen Freunden oder deinen Eltern. So trainierst du gleichzeitig Sinn und Aussprache der Wörter.

Reimen: Ganz schick für die Grammatik

Ob in Deutsch oder in einer Fremdsprache – geht es um die lästige Grammatik, kann man sich die Regeln ganz leicht zusammenreimen. Und das im wahrsten Sinne des Wortes, denn mit kleinen Versen baust du dir im Handumdrehen Eselsbrücken, die deinem Gedächtnis auf die Sprünge helfen.

Kannst du dir beispielsweise nicht merken, wann im Englischen der Apostroph vor oder nach dem »s« gesetzt wird, könntest du dir folgenden Reim darauf machen: Gehört etwas nur einem allein, muss vor dem »s« ein Häkchen sein (Beispiel: my father's car). Gehört etwas zweien, dreien oder vieren, muss das »s« ein Häkchen von hinten zieren (Beispiel: my parents' car).

GESCHICHTE & CO.

Lerntipps für »Wissens«-Fächer

Geschichte, Religion, Erdkunde – es gibt einfach diese Fächer, in denen dein Gedächtnis besonders gefordert ist, und zwar weil es in erster Linie nicht darum geht, logisches Verständnis zu fordern. Gefragt ist vielmehr reines Wissen – von Jahreszahlen über die geografische Lage bestimmter Länder bis hin zu Bibelzitaten. Das kann manchmal ganz schön langweilig sein, denn wann Napoleon einen roten Apfel gegessen hat und welche Koordinaten Timbuktu auf den Längen- und Breitengraden hat, ist vielen Schülern schlichtweg egal! Abgesehen von der Aufwertung deiner Allgemeinbildung sind solche Fächer allerdings bestens geeignet, deinem Gedächtnis auf die Sprünge zu helfen.

Kreative Kritzeleien

Die meisten Schüler haben gelernt, sich in den Wissensfächern Notizen zu machen. Wer beim Mitschreiben allerdings auf die falschen Infos setzt, hat schon verloren. Das passiert vor allem, wenn du versuchst, ganze Sätze mitzuschreiben. Weil dazu die Zeit meistens nicht ausreicht – der Lehrer ist schon am Ende, während du noch nicht einmal den Mittelteil aufgeschrieben hast –, wandern schnell die falschen Fakten ins Heft. Das Ergebnis: Im Seitenfüllen hättest du zwar eine Eins verdient, aber die Infos purzeln zusammenhanglos und ohne Sinn auf dem Papier herum. Willst du den Stoff später aufbereiten, kapierst du die Kritzeleien vermutlich gar nicht mehr!

Kreatives Kopftraining heißt die Lösung für das Lernproblem. Und das funktioniert mit sogenannten Mind Maps, was so viel wie »Erinnerungsplan« be-

deutet. Dabei geht es um die beste Methode, schnell und effektiv Gedanken und Informationen gut strukturiert aufzuschreiben.

Brainstorming genauso wie Büffeln wird dazu bildhaft auf eine Art Baum gepackt. An die Äste kommen nach Wichtigkeit sortiert nur Schlüsselwörter. Soll die Mind Map erweitert werden, ist auch das ganz leicht: Du fügst einfach einen Ast an der entsprechenden Stelle hinzu.

Mit Mind Maps machst du dich und dein Gehirn garantiert glücklich, denn diese Baumbilder kommen der menschlichen Denkweise sehr entgegen. Unser Gedächtnis speichert nämlich am liebsten Zusammenhänge. So denkst du bei dem Begriff Mountainbike leicht an Berge, bei Disco an Samstagabend und bei Basektball an die NBA, die amerikanische Basketball-Liga. Nach diesem Prinzip kannst du mithilfe der Schlüsselwörter in Mind Maps ganz schnell Zusammenhänge erstellen. Die Äste drücken dabei die Beziehungen aus. So fix funktioniert das bei Notizen im Normalformat nicht, denn ein ganzer Satz braucht immer den vorhergehenden und den nachfolgenden Satz, um eine Beziehung aufzuzeigen.

Praktisch auch, dass du beim Zeichnen deiner Mind Map automatisch beide Gehirnhälften einsetzt, denn durch die bildhafte Darstellung visualisierst du den Lernstoff für die rechte Gehirnhälfte, die sprachlichen Elemente fordern hingegen unseren logischen Verstand in der linken Denkabteilung.

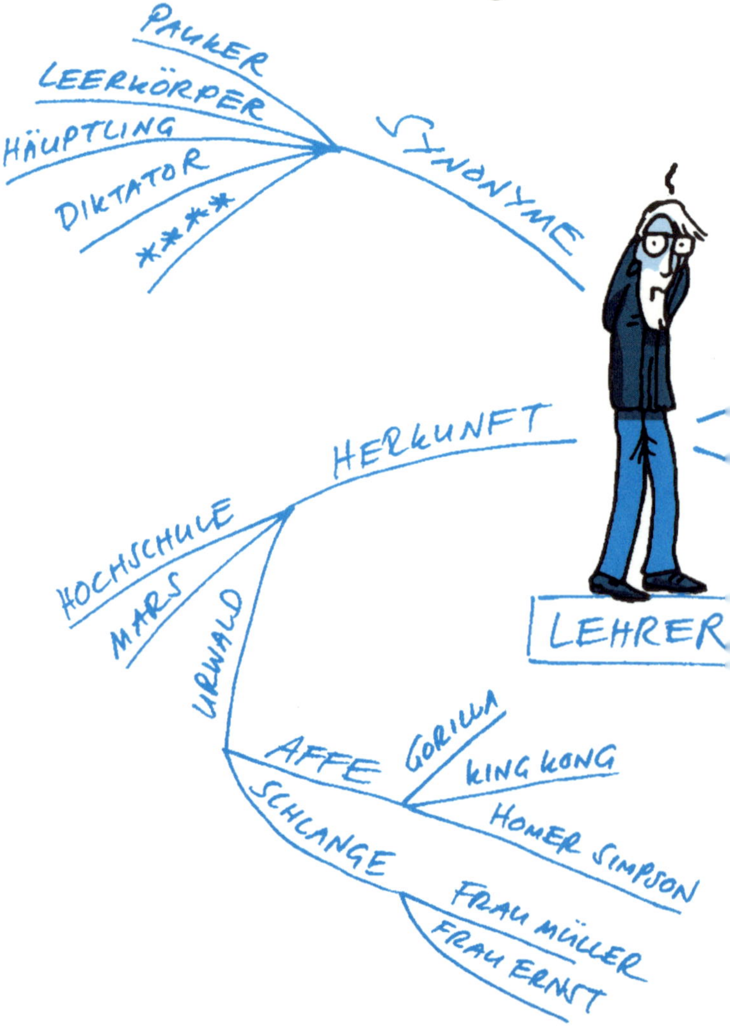

Die Vorteile von Mind Maps:

1 Du kannst dich besser erinnern – selbst dann noch, wenn Ferien zwischen den einzelnen Stunden liegen!

2 Dein Timing läuft turboschnell, denn du brauchst nur noch wenig Zeit für deine Notizen.

3 Du erfasst auf deinem Mind-Map-Baum das Wesentliche auf einen Blick. So fällt es dir leichter, neue Ideen zu dem entsprechenden Thema zu entwickeln.

4 Du beherrschst die Informationsflut, ohne darin baden zu gehen.

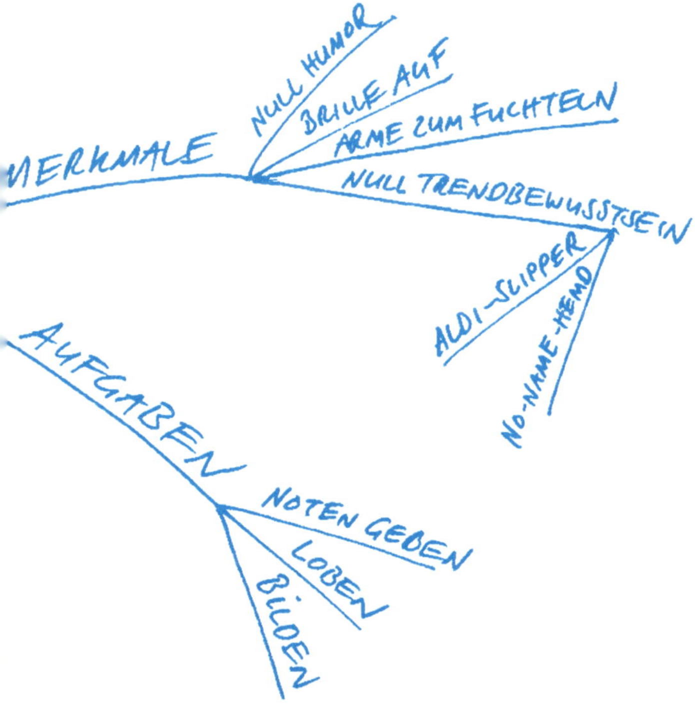

So malst du eine Mind Map

... wenn du dir im Unterricht Notizen machst

1 Schreibe in die Mitte eines DIN-A4-Blattes das Thema, um das es in der Stunde geht, beispielsweise die Evolution in der Biologie. Diesen Oberbegriff kannst du einkringeln, um ihn noch deutlicher hervorzuheben.

2 Zeichne rechts und links von dem Oberbegriff aus mehrere dicke Hauptäste.

3 Beschrifte die Äste beim Zuhören mit den Schlüsselwörtern. So könnten folgende Begriffe deine Evolutions-Mind-Map füllen:
* Entwicklung des Menschen
* Affen
* Neandertaler

4 Zu diesen Schlüsselwort-Ästen malst du jeweils Zweige, mit denen du weitere Beziehungen herstellst. Beispielsweise kommt zum Hauptast »Entwicklung des Menschen« der Zweig »Leben im Meer«. Am Hauptast »Affen« könnten Zweige mit Infos über die Unterschiede zwischen Affen und Menschen »wachsen«. Und zum Begriff »Neandertaler« passt eine zeitliche Einordnung genauso wie die Lebensweise.

... wenn du ein Referat halten sollst

1 Schreibe in die Mitte eines DIN-A4-Blattes das Thema.

2 Zeichne rechts und links von dem Oberbegriff aus mehrere dicke Hauptäste.

3 Schreibe alle Schlüsselwörter auf, die dir zu deinem Thema einfallen. Reichen die Äste nicht aus, zeichnest du einfach welche dazu. Fallen dir zu einem Schlüsselwort Begriffe ein, zeichnest du an den entsprechenden Ast des Schlüsselwortes neue Zweige, um die Beziehung herzustellen.

4 Ergänze deine Schlüsselwörter mit Symbolen und Bildchen, um sie noch besser zu visualisieren.

5 Sortiere deine Schlüsselbegriffe, indem du eine neue Mind Map erstellst.

6 Durch deine erste Mind Map hast du einen guten Überblick über das Thema gewonnen. Jetzt strukturierst du deine Gedanken, indem du für die Schlüsselbegriffe Oberbegriffe wählst, die in der zweiten Mind Map die Hauptäste füllen. Als Oberbegriffe eignen sich beispielsweise »Probleme«, »Ziele« und »Lösungen«.

7 Sortiere die Begriffe der ersten Mind Map als Zweige in die zweite Mind Map.

Wichtig beim Mind Mapping:

* **Die Äste sollten immer untereinander verbunden sein.**
* **Auf einem Ast sollten nicht mehr als zwei Schlüsselwörter stehen.**
* **Verwende nur Substantive (Hauptwörter), Adjektive (Eigenschaftswörter) oder Verben (Tätigkeitswörter).**
* **Schreibe möglichst in Großbuchstaben, um später den Inhalt auf einen Blick zu erfassen.**

LESEN, LERNEN, PRÜFEN

Bevor du dir den Kopf darüber zerbrichst, wie du deinem Gehirn 20 Seiten Geschichte oder 10 Seiten »Wie funktioniert der menschliche Körper« schmackhaft machen kannst, solltest du dir über deine Lesegewohnheiten Gedanken machen. Denn eigentlich eignen sich nur Romane, um von der ersten bis zur letzten Seite intensiv gelesen zu werden.

Querlesen

Geht es darum, Wissen aufzunehmen, darfst du die Seiten ruhig überfliegen. Mit der richtigen Lesetechnik bekommst du den Inhalt trotzdem komplett mit. Dabei nutzt du deinen ganz persönlichen Wahrnehmungsfilter, mit dem du dir genau die Informationen aus dem Text herausziehst, die dich interessieren bzw. die neu sind. Das funktioniert beim Lernen genauso wie im »richtigen Leben«. Achte mal darauf, wenn du dir etwas dringend wünschst, z.B. ein neues Kickboard. Bestimmt siehst du dann überall Kickboards – ganz einfach, weil dein Wahrnehmungsfilter aus der täglichen Flut von Reizen genau das herauspickt, was dich gerade interessiert.

Und so funktioniert die Filtertechnik beim Lesen:

1 Setze dir ein Leseziel – vielleicht heißt das Thema im Geschichtsunterricht »Kaiser Wilhelm«. Du willst aber nur noch wissen, wie er gelebt hat, denn Jahreszahlen und wichtige Eckdaten hast du bereits intus.

2 Starte deine Lektüre jetzt, ohne dass du jedes Wort einzeln liest. Erfasse immer ganze Wortgruppen und »springe« so durch den Text. Deine Wahrnehmungsfilter sorgen dafür, dass nur die für dich wichtigen Infos hängen bleiben. So gehst du auch auf Nummer Sicher, dass du dein Gehirn nicht mit überflüssigen Infos überfütterst.

Kleine Übung, mit der du lernen kannst, über die Texte zu fliegen und Wortgruppen zu erfassen:

* **Unterteile die Buchseite mit vier Längsstrichen. Dein Auge wird automatisch die Wörter zusammen erfassen, die sich zwischen zwei Linien befinden.**
* **Trainiere dein Auge, indem du die Buchseite dann mit drei und zum Schluss nur noch mit zwei Längsstrichen unterteilst. Haben sich dein Auge und auch dein Gehirn an diese Lesetechnik gewöhnt, benötigst du zum Schluss gar keine Striche mehr.**

Tipp für alle, die es besonders eilig haben:
Lies zunächst nur den ersten und letzten Absatz eines Kapitels. Oft erfährst du am Anfang in einer kurzen Zusammenfassung, worum es geht.
Und am Ende kannst du die Schlussfolgerung samt Problemlösung lesen. Manchmal reichen diese kompakten Infos schon, um dich an dein Leseziel zu bringen.

Zum Diktat, bitte!

Stoffmoderation heißt ein weiterer Trick von Lernprofis. Dazu liest du dir zunächst genau durch (Lesemethode s.o.), was alles in dein Hirn wandern soll. Über den Lerninhalt hältst du ein kleines Referat, das du mit dem Kassettenrekorder aufnimmst. Wenn du die Kassette abspielst, kannst du genau hören, an welchen Stellen es noch hakt, bei welchen Themen du ins Stocken kommst und natürlich, wo der Stoff schon richtig gut sitzt.

Tipp:

Mach's wie ein Manager und lauf möglichst im Zimmer herum, wenn du dem Band deinen Text diktierst. Bewegung entspannt nämlich und hilft, dass man sich besser konzentrieren kann.

Auf dem Prüfstand

Nur wer Fragen stellen kann, hat den Stoff auch verstanden. Nach diesem Prinzip kannst du ganz schnell überprüfen, ob du wirklich kapiert hast, was auf deinem Lernplan stand. Bastle dir zu dem entsprechenden Stoff also zehn Fragen zusammen, die du dir selbst beantworten musst. Dabei trickst du dein Unterbewusstsein aus, denn du wirst automatisch Fragen zu den Gebieten wählen, die dir noch ein wenig schwerfallen.

PAUKEN WIE IM PARADIES

Tipps für deine Lernumgebung

Wenn schon Büffeln angesagt ist, dann wenigstens möglichst bequem! Stimmt genau, denn wenn du dich beim Lernen wohlfühlst, bist du länger topfit, brauchst aber weniger Zeit. Das heißt, dass du bei deinem persönlichen Lernlimit schneller vorankommst, weil du mehr Stoff aufnehmen kannst.

Tief durchatmen!

Dabei ist der wichtigste Stoff immer noch der Sauerstoff. Damit du klar im Kopf bleibst, benötigst du viel frische Luft! Das kurbelt den Kreislauf an, die gute Durchblutung hält die grauen Zellen auf Trab. Den besten Durchblick beim Lernen hast du am geöffneten Fenster. Cool bleibst du aber auch, wenn du beispielsweise im Winter stündlich für nur fünf Minuten kräftig lüftest.

Highlights für Höchstleistungen

Neben viel frischer Luft sorgt auch die richtige Helligkeit dafür, dass dir beim Lernen möglichst schnell ein Licht aufgeht. Topfit für alle Themen ist man am Tag, weil Sonnenlicht den Körper als natürlicher Energielieferant mit einer Extraportion Power versorgt. Nachteulen sollten beim Lernen auf hochwertige Lampen achten. Regel: Schön hell, aber nicht grell.

Bitte nicht stören!

Ganz wichtig für konzentriertes und schnelles Lernen: Lass dich nicht ablenken! Selbst wenn deine beste Freundin oder dein bester Kumpel am Telefon Amok läuft, weil die Schule brennt oder etwas anderes furchtbar Wichtiges passiert ist – beim Büffeln haben Störer keine Chance. Deshalb solltest du Eltern und Geschwister bitten, dass sie dir alle Anrufe ausrichten und den Anrufern versprechen, dass du ganz fix zurückrufst. Mit jeder Störung benötigst du nämlich etwa 15 Minuten, um deine Leistungsfähigkeit wieder aufzubauen. Macht bei vier »lebenswichtigen« Anrufen schon eine ganze Stunde, die du länger am Schreibtisch sitzen musst.

Sinnvoll lernen

Meckern deine Eltern ständig, weil du beim Lernen deine Lieblings-CD hörst? Hier bekommst du endlich die richtigen Argumente, um sie zu überzeugen.

Wissenschaftler haben nämlich herausgefunden, dass Musik die Konzentration und Aufnahmefähigkeit fördert. Perfekt zum Pauken sind Songs mit einem Takt von 56 bis 64 Schlägen in der Minute. Dieser Rhythmus relaxed am besten, weil er dem menschlichen Herzschlag entspricht. Du musst deinen Eltern ja nicht gleich verraten, dass das vor allem auf klassische Stücke von Bach, Vivaldi oder Mozart zutrifft. Wetten, dass du auch zu Songs von Britney Spears, den Backstreet Boys oder Bono besser büffeln kannst?

Auch Düfte sorgen dafür, dass deine Lehrer dich richtig gut riechen können. Dabei geht es nicht um das neueste Designerparfum, sondern um ätherische Öle, die alles andere als benebeln. Als wichtige Energielieferanten gelten Bergamotte, Zitrone und Lemongras. Öle und dazu passende Duftlampen bekommst du z.B. in Drogeriemärkten und Geschenkeshops.

Und so funktioniert die Duftlampe:

- **Den Wasserbehälter mit etwa 200 ml Wasser auffüllen.**
- **Maximal sieben Tropfen Öl in den Wasserbehälter geben.**
- **Wasser-Öl-Gemisch niemals heiß werden lassen. Das Öl muss verdunsten, es darf nicht verdampfen. Deshalb sollte ein Teelicht die Duftlampe erwärmen, denn darauf ist die Flüssigkeitsmenge genau abgestimmt.**
- **Wasser nie mit Öl nachfüllen – auch wenn du nach etwa zehn Minuten glaubst, der Duft würde nachlassen. Eine zu hohe Ölkonzentration kann zu Kopfschmerzen, Schwindel und Unwohlsein führen.**

Mach mal Pause!

Das hört sich doch gut an: Genauso wichtig wie das Lernen sind die Pausen! Ganz einfach weil unser Gehirn regelmäßige Auszeiten benötigt, um den Speicher aufzutanken. Als Faustregel gilt: Auf fünf Minuten höchste Konzentration sollte eine Minute Nichtstun folgen. So ein Relax-Quickie funktioniert am besten, wenn du aus dem offenen Fenster siehst oder die Augen schließt und von etwas Schönem träumst.

Ist dein Konzentrationslevel nicht am Limit, weil du beispielsweise Routinejobs wie deine Hausaufgaben erledigst oder dich für die nächste Klassenarbeit warm läufst, bleibt das Gehirn für etwa 20 Minuten am Ball. Darauf sollte eine Nullnummer mit etwa fünf Minuten Länge folgen.

Time out ist nach 90 Minuten Büffeln angesagt! Danach hast du nämlich sprichwörtlich ein Brett vor dem Kopf – alles, was du noch zusätzlich aufnehmen willst, wird von deinem Gedächtnis abgelehnt.

Wenn du unbedingt länger am Schreibtisch sitzen musst, solltest du auf jeden Fall eine Pause von mindestens 20 Minuten einlegen. Die Zeit nutzt du am besten für einen kleinen Energiesnack. Du kannst dich sogar richtig schlau schlemmen, wenn du auf die Fitnessformel DHA (Docosahexaen-Säure) achtest.

Dahinter steckt eine ungesättigte Fettsäure, die als zentraler Baustein unserer Körperzellen auch für die Regeneration des Gehirns zuständig ist. DHA findest du in Heringen, Makrelen oder Lachs!

Mit einer Extraportion Kohlenhydrate bleibst du ebenfalls klar im Kopf: Bananen sind deshalb ein geeigneter Snack für schnelle Power. Sie liefern zusätzlich Kalium, das für gute Laune und ein entspanntes Körpergefühl wichtig ist.

Weitere Food-Fitmacher

* **Haferflocken:** wirken anregend und helfen bei Konzentrationsstörungen.
* **Kopfsalat:** beruhigt, wirkt harmonisch und sorgt für gute Laune.
* **Pfefferminz-Kaugummi:** entspannt den Körper, regt das Gehirn an.
* **Vanille:** gilt als natürliches »Hallo Wach«. Lecker zum Lernen: eine Kugel Vanilleeis.
* **Zitrusfrüchte:** Kiwi und Multi machen mit geballten Vitaminen ganz fix wieder frisch.

SUPER NET(T)

Richtig auf Draht bist du, wenn du beim Pauken den PC nutzt. Im Internet gibt es inzwischen eine Fülle von Online-Helfern, die dich bei Hausaufgaben, Referaten und der Vorbereitung auf Klassenarbeiten unterstützen. Hier findest du die hippsten Homepages, die mehr als einen Klick wert sind. Wenn du dich im WWW selber auf die Suche nach guten Sites machen möchtest, gibst du bei Suchmaschinen wie Google oder Yahoo einfach nur das Stichwort »Hausaufgaben« ein.

www.spickzettel.de

Von Daily (Schul-)News über Tipps und Trends bis hin zu Referaten bietet das E-Mag einen tollen Service rund um die Themen Schule und Lernen. Dabei gibt's nicht nur eine Liste von über 1000 Nachhilfelehrern aus dem ganzen Bundesgebiet. Im Nachhilfeforum kannst du auch gleich deine Fragen loswerden, bei denen du nicht weiterkommst. Praktisch ist das riesige Referatearchiv, in dem du zu beinahe jedem Thema fündig wirst. Allerdings empfehlen die Spickzettelmacher, Referate nicht einfach auszudrucken und genauso zu übernehmen. Ganz einfach deshalb, weil auch viele clevere Lehrer den Spickzettel inzwischen ansurfen.
Natürlich gibt's auch eine Community – im Chat kannst du dich mit anderen Lerngestressten treffen und online zur Entspannung abhängen.

www.school-scout.de

Hilfe für Schüler beim Erstellen von Referaten, Hausaufgaben, bei der Vorbereitung auf Klassenarbeiten und Klausuren bis hin zum Abitur. Die Mitarbeiter von School-Scout sind 16 Stunden täglich per Mail erreichbar. Außerdem bietet der Service eine tägliche (auch sonntags!) Telefon-Hotline von 12 bis 19 Uhr. Die schnelle Hilfe ist prima, doch teilweise kostenpflichtig. Für Textmaterialien musst du bezahlen.

www.schuelerweb.de

Auf der Suche nach Lerninfos bist du hier genau richtig. Schuelerweb bietet alles, was du für Referate, Hausaufgaben, Klassenarbeiten und Klausuren benötigst. Dabei ist Schuelerweb natürlich auf deine Mitarbeit angewiesen – wenn du Referate gehalten hast, kannst du sie zur Veröffentlichung anmelden. Der Newsletter informiert zusätzlich über alles Wichtige oder Witzige aus der Schülerwelt. Super Service: Für Schüler, die kurz vor dem Abschluss stehen, gibt's jede Menge Infos zu allen gängigen Ausbildungsberufen plus einer Jobbörse, bei der du gleich die richtigen Ansprechpartner für deine Bewerbung findest.

www.spickzettel.ch

Schweizer Ableger des E-Mags mit witzigen Tipps für Ausreden, wenn du zu spät kommst, Mail-Funktion, um deine Spickzettelidee zu schicken, Referatesammlung und Suchmöglichkeit nach Schul-Homepages in der ganzen Schweiz.

www.hausaufgaben-forum.de

Vielseitiges Forum mit verschiedenen Themengebieten. So kannst du in der Community Hausaufgaben austauschen und Probleme besprechen. Im Nachhilfeforum findest du Helfer, die dir zu Hause beim Büffeln auf die Sprünge helfen. Du kannst dich hier natürlich auch selbst als Nachhilfelehrer anbieten. Das Referateforum beinhaltet eine fleißige Suchmaschine, die in den größten Datenbanken Deutschlands jedes Referat zu jedem Thema aufstöbert. Und damit die Surf-Tour durchs Hausaufgabenforum nicht allzu lernlastig ist, gibt's neben witzigen Spicktipps auch Flirt-Nachhilfe. Gelungen sind die E-Cards, die du selbst an deinen Lehrer verschicken kannst. Dabei solltest du den Gruß »Ich mach blau« vielleicht nicht gerade wählen.

Übrigens: Wenn du dein Thema im Hausaufgabenforum nicht gefunden hast, klick dich durch die Link-Collection. Hier wurden tolle www-Adressen zu jedem Fach gesammelt.

www.HomeWorx.net

Wenn du auf der Suche nach Hausaufgaben, Ausreden oder einfach nur nach Unterhaltung bist, wirst du HomeWorx lieben. Egal, ob du recherchieren willst oder Hilfe von kompetenten Lehrern benötigst – alles ist völlig kostenlos. Die Download-Funktion beamt dir dein Thema im Handumdrehen auf die Festplatte. Tipp für Hobby-Poeten: Auf der Lyrikseite kannst du deine eigenen Gedichte veröffentlichen und vielleicht auch mal Schulfrust in Versform verewigen.

www.hausaufgaben.net

Hier findest du ein Online-Lösungsbuch für Hausaufgaben und Referate in allen Schulfächern. Dabei sind die Themen sehr übersichtlich zunächst nach Schulfächern sortiert. Du kannst aber auch direkt mit der Suchfunktion zu deinem Thema surfen. Lass dich nicht durch das etwas langweilige Layout irritieren, denn das entpuppt sich auf den zweiten Blick als äußerst clever. Im hausaufgaben.net findest du nämlich keinerlei Schnickschnack, der dich von deinem eigentlichen Anliegen abhalten könnte. Empfehlenswert also für alle, die wirklich nur ganz schnell ihren Lernstoff durchziehen wollen.

www.loesungsbuch.de

Online-Auftritt für clevere Schüler, die nicht einfach nur abschreiben, sondern Referate und Aufsätze noch besser machen wollen. Zusätzlich zu bereits erstellten Texten liefert das Internet-Lösungsbuch zu jedem Thema extra die passenden Links, Software, Bücher und sogar TV-Tipps. Wenn du fündig geworden bist, kannst du den Link z.B. über den SMS-Service kostenlos deinen Freunden aufs Handy schicken.

www.coktel.de/addystipps/tipp22.html

Der virtuelle Schlaumeier Addy steht eigentlich für schlaue Lern-Software. Der nette Kerl gibt allerdings auch online prima Tipps, wie du leichter lernen kannst. Addys Themen reichen dabei von »Auswendig lernen leicht gemacht« über »Diktat leicht gemacht« bis hin zu sportlichen Tipps, wie du etwa eine Mannschaft ganz clever zusammenstellst. Zusätzlich gibt's Übungen und Kreativspiele genauso wie Ideen, wie du deine Ferien verbringen kannst.

DU KANNST DAS!

Schluss mit Prüfungsstress!

Flatterknie, flauer Magen, feuchte Hände und du bist <u>nicht</u> verliebt? Dann spricht diese Symptomatik dafür, dass eine unangenehme Klassenarbeit oder ein fieser Test bevorsteht. Umso wichtiger ist ein ultimativer Vorbereitungs-Guide. So lernst du effektiv für die Stunde null, ohne dabei Energie zu verschwenden.

TOP VORBEREITET

Damit der Stoff zur richtigen Zeit an der richtigen Stelle sitzt, darfst du dein Gehirn nicht überfüttern. Der Kopf verhält sich nämlich genau wie der Magen: Isst du zu viel, bekommst du Verdauungsprobleme. Überforderst du deinen Denkapparat, nimmt er dir das genauso übel. Kleine Lernhäppchen sind also angesagt! Und je mehr Zeit du für die Vorbereitung auf die Klassenarbeit hast, desto kleiner dürfen die Lernhäppchen werden, die du deinem Gehirn servierst.
Erfolgsfaktor Nummer 1: **Mini-Memo-Portionen lassen sich viel leichter wiederholen!**
Erfolgsfaktor Nummer 2: **Kleine Lernportionen motivieren dich, weiterzumachen. Ganz einfach, weil du schneller sagen kannst: »Ich kann das!«**

Und so kann die Vorbereitung auf die Klassenarbeit aussehen:

1 Erstelle eine Stoffsammlung. Dafür sichtest du das komplette Unterrichtsmaterial wie Fotokopien, Hausaufgaben und Mind Maps (siehe Kapitel »Alles easy«, Seite 46 ff.).
2 Entscheide, welches Material wirklich wichtig für die Klassenarbeit ist. Für den Rest gilt: Weg damit! Hauptsache aus deinen Augen, damit du dich nicht von unwesentlichen Infos irritieren lässt.
3 Bastle dir aus einem DIN-A3-großen Stück Fotokarton oder Pappe (gibt's im Bastelladen in vielen knalligen Farben) ein Plakat.
4 Schreibe mit dickem Filzstift eine Übersicht aus deinen Lernzielen auf das Plakat. Für die Englischprüfung könnte das heißen: »Vokabeln lernen«, »Grammatik: Zeiten büffeln« und alles über »Shopping – Wie gehen Engländer einkaufen und was essen sie am liebsten«.

5 Notier unter deinen Lernzielen die Zeit, die du zum Lernen aufbringen willst, z.B. an jedem 3. Tag 15 Minuten Vokabeln lernen. Wichtig für dein Timing: Am Tag vor der Klassenarbeit solltest du mit allen Themen durch sein, damit du sie jetzt nur noch einmal wiederholen musst.

6 Befestige das Plakat über deinem Schreibtisch, damit du immer den Überblick behältst.

Quick-Tipp für Faule

Pssst, aber Spickzettel eignen sich wirklich hervorragend als Vorbereitung auf eine Klassenarbeit oder einen Test. Das geben selbst Lehrer zu – natürlich nicht gerade vor ihren Schülern! Ein perfekter Mogelzettel enthält nämlich automatisch eine ausgezeichnete Stoffsammlung. Vor allem beschäftigst du dich dabei mit den Themen, die noch nicht so richtig sitzen. Und alles andere lernst du beim Spickzettelschreiben beinahe »aus Versehen« mit. Spick-Profis wissen: Ist der Mogelzettel gelungen, muss er in den meisten Fällen gar nicht benutzt werden. Trotzdem findest du hier – natürlich nur für den Notfall – ein paar freche Ideen für coole Spicker, die garantiert nicht auffallen.

GUT GEMOGELT IST HALB GEWONNEN!

Die Top-Ten der besten Mogelzettel:

1. **Hot:** Löse das Etikett einer Wasserflasche mit heißem Dampf vorsichtig von der Flasche ab. Dann scannst du das Papier in deinen Computer ein und veränderst den Text beliebig mit deinen »Lernhilfen«. Etikett ausdrucken und wieder auf die Flasche kleben, die du mit in den Unterricht nimmst.

2. **Frech:** Formeln oder Vokabeln einfach kräftig an die Tafel schreiben und dann vorsichtig wegwischen. Kein Lehrer achtet darauf, was da noch verschmiert an der Tafel steht!

3. **Lecker:** Esspapier beschriften und einfach aufessen, falls der Lehrer Verdacht schöpfen sollte. Funktioniert auch mit einem grünen Apfel, den du unauffällig mit Bleistift beschriften kannst.

4. **Haarig:** Super, wenn du eine richtig lange Mähne hast! Eine 120er-Kassette mit allen wichtigen Infos besprechen. Mini-Ohrhörer unter den Haaren verstecken, Kabel unter der Kleidung verbergen. Das Tape selber findet in einer lockeren Jacke mit Tasche Platz. Vorher solltest du aber unbedingt üben, wie du einhändig und unauffällig zurückspulst, ein- und ausschaltest.

5. **Durchblick:** Schreib alle Formeln und Informationen mit Tintenkiller unsichtbar auf die Tischplatte. Wenn du schräg darauf schaust, kannst du das Geschriebene leicht erkennen. Vorteil: Tintenkiller trocknet nicht auf glatten Flächen. Hat der Lehrer einen Verdacht, ist mit einem Wisch alles weg.

6. **Cool:** Organisier dir einen Werbekugelschreiber mit Sichtfenster, dessen Inhalt sich bei jedem Klick dreht. Spicker entsprechend verkleinern

und statt der Werbe-Botschaft in das Sichtfenster legen.

7. **For Girls only:** Minirock anziehen und Spickzettel auf den Oberschenkel kleben. Vorteil: Lehrer würden Mädchen niemals unter den Rock schauen – auch wenn sie noch so sicher sind, dass gemogelt wird!

8. **Gesundheit:** Spickzettel so klein wie möglich schreiben und mit Tesa in ein Taschentuch kleben. Sobald du während der Arbeit keine Ahnung mehr hast, niest du einfach kräftig in das schlaue Tuch.

9. **Frisch:** Einen möglichst kleinen Spickzettel in einen halbleeren Labello stecken. Wenn du nicht mehr weiter weißt, bekommen deine Lippen ein wenig Feuchtigkeit und du gleichzeitig Wissensnachschub.

10. **Süß:** Schokoladentafeln sind ein prima Ort für versteckte Infos. Je nachdem, wie viel Platz du benötigst, ritzt du dein Mogelwerk mit einem spitzen Gegenstand in eine Mini- oder Maxi-Tafel. Infos, die du nicht mehr benötigst, darfst du natürlich aufessen.

KONZENTRATION BITTE!

Vielleicht kennst du das: Wenn du vor einem spannenden Fernsehfilm sitzt, bekommst du um dich herum nichts mehr mit. Selbst wenn vor deinem Fenster die No Angels live auftreten, würdest du vermutlich nicht einmal mit der Wimper zucken. Und das alles nur, weil du voll konzentriert auf die Glotze starrst. Glückwunsch, wenn du dich so extrem auf eine Sache einlassen kannst. Pech, wenn du diese Konzentrationsfähigkeit nicht auf die Schule überträgst. Denn bei Klassenarbeiten und Prüfungen gilt: Du musst auf den Punkt topfit sein und alles, was dich ablenken könnte, völlig ausblenden.

Tatsache ist, dass man weniger Fehler macht, wenn man seine Aufmerksamkeit nicht zwischen verschiedenen Dingen hin und her wandern lässt. Wie gut, dass sich Konzentration üben lässt.

Der richtige Kick für deine Konzentration

Unsere Leistungsfähigkeit ist immer auch davon abhängig, ob Body & Soul im gleichen Takt laufen. Deine körperliche und deine seelische Verfassung bringst du in Gleichklang, wenn du ...

- ... für ausreichend Schlaf sorgst.
- ... genügend Zeit hast, um dich zu erholen, und einfach die Seele baumeln lassen kannst.
- ... dich gesund ernährst und viel bewegst. **Tipp:** Inline-Skaten ist durch die gleichmäßigen Bewegungsabläufe perfekt, um innerlich zu relaxen und äußerlich zu trainieren. Außerdem ist die Extralieferung Sauerstoff wichtig, um frischen Wind in den Kopf zu bringen.

* ... genügend trinkst. Wasser – etwa zwei bis drei Liter am Tag – ist superwichtig, um die Gedanken im Fluss zu halten.

Zusätzlich solltest du checken, welche Faktoren noch für dich wichtig sind. Vielleicht ist dein Gehirn ja frühmorgens hellwach und du kannst vor der Klassenarbeit noch einmal alles Wesentliche in der »letzten Minute« lernen. Auch wenn du eine Nachteule bist, musst du nicht schwarz sehen. Viele Menschen sind abends am entspanntesten. Deshalb kannst auch du die Ruhe der Nacht für deine schulischen Eingebungen nutzen.

Vorsichtig vor vermeintlichen Fitmachern wie Kaffee! Damit schnellt unsere Aufmerksamkeit zwar kurzfristig in die Höhe, doch sie sinkt umso schneller auch wieder ab. Kaffee entzieht dem Körper nämlich Wasser, das unser Gehirn dringend zum Nachtanken benötigt.

SO KURBELST DU DEINE KONZENTRATIONSFÄHIGKEIT AN

Interesse: Super gut, wenn du total spannend findest, was du lernen sollst! Schlecht, wenn dich das Thema zu Tode langweilt. Deshalb versuche, wenigstens einen Aspekt zu finden, der deine Neugier aus der Reserve lockt.

Abwechslung: Ganz wichtig, weil Langeweile der größte Konzentrationskiller ist. Aber keine Panik: Abwechslung bedeutet nicht, dass du gleich von einer Aufgabe zur nächsten hüpfen musst. Für frischen Wind sorgst du auch, wenn du beim Lernen das Zimmer wechselst und deine Chemieformeln vielleicht in der Küche weiterbüffelst. Automatisch Abwechslung bekommst du, wenn du den Raum-Trick beim Lernen anwendest (siehe auch Kapitel »Alles easy!«, Seite 46 ff.). Dabei spazierst du immer wieder durch die Wohnung, um dein Wissen häppchenweise aufzusammeln.

Das funktioniert natürlich nicht, wenn du im Klassenzimmer über einer Prüfung schwitzt. Hier kannst du nur ganz soft für Abwechslung sorgen. Verändere beispielsweise deine Sitzposition. Aber auch Essen oder Trinken verändern kurzfristig das Programm. Wird es ganz schlimm und du hast einen totalen Blackout, bitte den Lehrer, auf die Toilette gehen zu dürfen. Bewegung und ein anderer Blickwinkel helfen dir garantiert über eine totale Nullnummer hinweg.

Step by Step: Ist die Aufgabenstellung zu groß, wird sie schnell unüberschaubar und deine Konzentrationsfähigkeit sinkt auf den Nullpunkt. Genauso, wie du deinen Lernstoff am besten in kleine Häppchen aufteilst, so kannst du auch die Lösung einer Aufgabe während der Klassenarbeit portionieren. Unterteile dabei die Aufgabe in verschiedene Unteraufgaben. Dabei gilt: Je mehr Unteraufgaben du dir stellst, desto strukturierter kannst du dich auf das Ergebnis konzentrieren. Wenn du alles, was du schon geschafft hast, abhakst, hast du außerdem einen prima Überblick über deine Erfolge.

Kampf den Konzentrationskillern

Egal ob während der Klassenarbeit oder bei der Vorbereitung zu Hause – es gibt immer gemeine Störer, die dich ablenken. Hast du deine Aufmerksamkeitsräuber entdeckt, kannst du ihnen das Handwerk legen.

Krach: Straßenlärm, Mutters Kaffeekränzchen oder laute Musik von deinen Geschwistern zu Hause, kichernde Schüler auf dem Schulhof, ständig hüstelnde Mitschüler, Papierrascheln während der Klassenarbeit – störende Geräusche können schnell für einen Konzentrations-K.o. sorgen. Lässt du dich durch alles, was Lärm macht, ablenken, versuch's doch mal mit Ohrstöpseln. Abgeschieden in deiner Gedankenwelt bist du schnell wieder auf Höchstleistungskurs.

Freunde und Familie: Immer wenn du gerade super in ein Thema vertieft bist, will deine Mutter, dass du den Müll rausbringst. Oder deine Freunde stehen auf der Matte, weil sie auf die Halfpipe wollen! Willst du nach solchen Störmanövern weiterpauken, musst du deine Konzentration erst wieder mühsam aufbauen. Etwa 15 Minuten gehen dafür drauf, damit du deinen Lernlevel wieder erreichst. Vorwarnen ist angesagt: Sag Eltern und Geschwistern, dass du eine Stunde absolute Ruhe brauchst, um dich auf die Klassenarbeit vorzubereiten. Erledige deine Family-Pflichten entweder vorher oder nachher. Außerdem sollten alle Freunde abgewimmelt werden – und zur Sicherheit hängst du noch ein »Bitte nicht stören«-Schild an deine Zimmertür.

Stinker: Die Nase rümpfen viele auch, wenn nervige Gerüche die Leistungsfähigkeit ausbremsen. Das kann bei den Prüfungsvorbereitungen deine Mutter sein, die nicht gerade dein Lieblingsessen kocht – oder während der Klassenarbeit dein Nachbar, der ein Brötchen mit Harzer Käse verdrückt. Mahlzeit! Abhilfe zu Hause schafft eine Duftlampe mit Zitrus- oder Bergamotteduft. In der Schule wirkt eine Vanilleschote oder etwas Minze (japanisches Tigeröl) Wunder. Der Duft lenkt dich von den schlechten Gerüchen ab und peppt außerdem deine Aufnahmefähigkeit schnell wieder auf.

Wenn du dir selbst im Weg stehst: Ja, das gibt es auch! Du kannst dir beim Lernen wunderbar auf den Wecker gehen und deine Konzentration killen. Das passiert immer dann, wenn deine Gedanken ständig abschweifen, weil du gerade Liebeskummer hast, du nicht weißt, wie du das Geld für die neue CD zusammenbekommst, oder aber deine Eltern stressen. Da hilft nur eins: Stell dir eine Zeitschaltuhr und gib deinen Sorgen und Gedanken fünf Minuten Zeit. Schreib alles auf, was dich bedrückt. Dabei kannst du den ganzen Ballast, der dich blockiert, abwerfen, um danach befreit weiterzubüffeln. Kleiner Tipp: Diese Methode wirkt auch super, wenn du nicht einschlafen kannst.

Training für tolle Leistungen

Wenn mangelnde Konzentration als echter Notenkiller dir das Leben schwer macht, helfen ein paar wirksame Übungen, damit du dich in Zukunft nicht mehr aus der Ruhe bringen lässt. Wichtig: Beim Trainieren kommt es nicht darauf an, dass du Weltrekorde brichst. Geh die Sache ganz relaxed an und stell dir aus den folgenden Tipps deinen ganz persönlichen Trainingsplan zusammen.

Ruhe bitte! Such dir einen Gegenstand – z.B. ein Bild, eine Blume, einen Baum –, auf den du deine ganze Aufmerksamkeit richtest. Versuche anfangs eine Minute lang deine Konzentration auf den Gegenstand zu zielen. Denke dabei an nichts anderes als an Dinge, die deinen ausgewählten Gegenstand betreffen. Das hilft deiner Aufmerksamkeit, sich richtig festzuhaken. Diese Übung kannst du steigern, indem du dir immer ein wenig mehr Zeit für die totale Konzentration gibst.

Memory! Hast du kleinere Geschwister? Dann werden die sich tierisch freuen, wenn du mit ihnen Memory spielst. Ansonsten gilt: Kram mal in deiner alten Spielzeugkiste und such deine Memorys heraus. Antreten kannst du gegen deine Eltern oder gegen deine Freunde, Memory kannst du aber auch alleine spielen. Für Memory-Meister gibt's übrigens Mega-Memos mit über 100 Kärtchen.

Ohren spitzen! Aufmerksamkeit kannst du auch ganz nebenbei trainieren. So musst du dich ganz schön konzentrieren, wenn du z.B. den Fernseher ganz leise drehst. Probier's mal bei deiner Lieblingssendung aus, denn da hörst du sicher zweimal hin, um ja nichts zu verpassen.

Buchstabenquiz! Schnapp dir eine Zeitung und such dir einen längeren Artikel aus. Deine Aufgabe: Zähle alle »a«, die du in dem Text findest. Anfangs kannst du die Buchstaben mit einem Textmarker markieren, nach einer Weile Übung kannst du deine ganze Aufmerksamkeit so auf den Text richten, dass deine Augen die Buchstaben ganz alleine »fangen«.

Hoch hinaus! Auch beim Austoben kann man seine Konzentrationsfähigkeit erhöhen. Beim Trampolinspringen sorgst du nicht nur für neue Power. Du musst auch hellwach bleiben, damit du nicht vom Sprungtuch fällst.

Stören spielen! Wenn dich hauptsächlich Geräusche und Gerüche daran hindern, voll konzentriert zu lernen, erlaube Eltern oder Geschwistern, dass sie dich mal so richtig nerven dürfen. Und das funktioniert so: Du nimmst dir einen Text – z.B. aus dem Geschichts- oder Biologiebuch – und versuchst dich auf den Inhalt zu konzentrieren. Dein persönlicher Störenfried darf alles tun, um dich abzulenken. Schaffst du es trotzdem, dich volle zwei Minuten nur auf den Text zu konzentrieren?

Überkreuz! Kinesiologie ist ein weiteres Zauberwort für Konzentrationsübungen. Kinesiologie bedeutet übersetzt »Lehre von den Bewegungen der Muskeln«. Kinesiologen sind dabei sicher, dass Körper, Geist und Seele eine Einheit bilden. Bestimmte Bewegungen können deshalb für gute Laune und top Leistungsfähigkeit sorgen. Überkreuzbewegungen sind dabei besonders positiv, weil beide Gehirnhälften gefordert werden.

Versuch's mal mit dieser Übung:

Setz dich mit geradem Rücken auf einen Hocker. Heb jetzt gleichzeitig das rechte Bein und den linken Arm an. Halte die Position zehn Sekunden und wiederhole die Übung mit dem linken Bein und dem rechten Arm. Weil es nicht darauf ankommt, wie hoch du Arme und Beine hebst, eignet sich diese Übung auch prima gegen ein Denktief während der Klassenarbeit.

RELAX!

Auch wenn du weißt, dass Lernen richtig leicht sein kann, gibt es diese Tage, an denen einfach nichts läuft. Du bist leer im Kopf, kannst dich zu nichts aufraffen und alles, was du büffelst, verschwindet sofort wieder in irgendeiner verschlungenen Gehirnwindung. Dabei kannst du ganz locker deine Leistungsfähigkeit wieder aufbauen.

Mit kleinen Entspannungsübungen, die dich gelassener machen – vor allem, wenn du z.B. kurz vor den Zeugniskonferenzen voll unter Prüfungsdruck stehst –, kannst du deine Panik richtig verschaukeln. Das sanfte Hin-und-Her-Schweben – entweder auf der Gartenschaukel oder aber in einem Schaukelstuhl – löst innerhalb von fünf Minuten sämtliche Muskelverspannungen, die dein Denkvermögen blockieren.

Die Sperre im Kopf löst du auch auf, wenn du deinen Gedanken einfach freien Lauf lässt. Geh auf eine Fantasiereise – vielleicht hast du ja schon immer davon geträumt, den Mount Everest raufzuklettern oder mit einem Heißluftballon um die Welt zu fahren. Vielleicht träumst du auch einfach nur von den schönsten Erlebnissen in deinem letzten Urlaub.

Entspannung pur

Diese zwei Übungen helfen dir selbst in heftigsten Stresszeiten super gelassen zu bleiben.

1. **Auf zum Alpha-Zustand!**
   Kleiner Einblick in die Gehirnforschung: Die Gehirnströme, die unser Denken und Handeln bildhaft zeigen, schwingen abhängig von unserer Laune und unserem Stresszustand in unterschied-

lichen Frequenzen. Bist du richtig locker und gut drauf, produziert dein Gehirn die sogenannten Alpha-Frequenzen. Wissenschaftler haben herausgefunden, dass wir in diesem entspannten Alpha-Zustand Informationen besonders gut aufnehmen können. Und so beamst du dich in den Alpha-Zustand:

Geh wieder auf Gedankenreise. Schließe deine Augen und stell dir vor, du würdest einen Apfel auf dem Hinterkopf balancieren. Hältst du diese Vorstellung konzentriert mindestens 30 Sekunden durch, schalten deine Gehirnströme automatisch auf Alpha.

Auch wirkungsvoll:

Stell deine Augen auf unscharf. Richte deinen Blick also nicht auf einen einzigen Gegenstand, sondern lass deine Umgebung verschwimmen, als wenn du durch ein Aquarium guckst. Ganz leicht geht das, wenn du schräg nach oben in die Ferne schaust. Nach etwa 20 Sekunden sendet dein Gehirn die ersten angenehmen Alpha-Wellen.

2. Hand auflegen!

Stimuliere deine Entspannungszonen. Dazu suchst du dir ein bequemes Plätzchen, legst dich auf den Rücken und schließt die Augen. Stell dir vor, du blickst auf ein knisterndes Kaminfeuer oder du schwebst als Adler durch die Lüfte. Lege jetzt beide Hände auf das Sonnengeflecht. Das ist das Nervenzentrum im Oberbauch kurz über dem Bauchnabel, auch Solarplexus genannt. Die Stelle findest du ganz leicht, denn da kribbelt und drückt es immer besonders heftig, wenn du im Stress bist oder dir irgendetwas Angst macht. Atme ganz tief durch und sage dabei mehrmals laut hintereinander »O«. Lass das »O« dann langsam zu einem »A« werden, das du ebenfalls mehrmals hintereinander ausrufst.

SOS-TIPPS
So bleibst du bei Klassenarbeiten cool!

Du hast gebüffelt ohne Ende, der Stoff sitzt perfekt und eigentlich müsstest du auf dem besten Weg sein, um sämtliche Gute-Noten-Rekorde zu brechen. Und dann passiert es: Du sitzt bei der Klassenarbeit vor deinem prall gefüllten Aufgabenzettel. Nur: Dein Kopf ist so hohl wie eine Kokosnuss. Alles, was du mühsam erlernt hast, ist einfach weg! Dafür hast du das dringende Bedürfnis, ein stilles Örtchen aufzusuchen, weil dir dein Magen vor Nervosität eine Kampfansage macht. Jetzt heißt es: Bloß nicht verzweifeln! Mit den folgenden Tricks machst du deiner Panik Beine:

* Blende dich aus dem Geschehen aus, indem du deinen Kopf zwischen die Hände stützt und nur auf dein Pult blickst. Schließe dabei die Augen und zähle von 13 ganz langsam rückwärts. Versuche dabei, genauso langsam und tief ein- und wieder auszuatmen.

* Lies dir die Aufgaben in aller Ruhe durch. Um dich und deine Konzentration warm zu laufen, suchst du dir zunächst einmal die leichteste Frage aus. Hast du sie gut beantwortet, steigen dein Selbstvertrauen und deine Leistungsfähigkeit automatisch an.

✱ Pausen sind auch während der Klassenarbeit wichtig. Hier gilt genauso wie beim Büffeln zu Hause: Fünf Minuten höchste Konzentration verdienen eine Minute Nichtstun. Nutze deine Pausen, um einfach aus dem Fenster zu sehen oder einen kleinen Snack, z.B. eine Banane, zu essen. Das ist besonders wichtig, wenn die Arbeit über mehrere Stunden geht.

✱ Bleibst du bei einer Aufgabe stecken, lass dich nicht länger als maximal drei Minuten frusten. Kommst du dann immer noch nicht weiter, ist Abwechslung angesagt. Widme dich einer anderen, leichteren Aufgabe.

✱ Wenn du vor der Abgabezeit fertig bist, kannst du noch Fehler ausmerzen. Korrigiere zunächst nur auf Rechtschreibfehler und danach erst auf inhaltliche Patzer. Ganz wichtig: Immer nur Fehler berichtigen, von denen du ganz sicher weißt, dass es auch wirklich Fehler sind. Oft bist du nach einer Prüfung nämlich so ausgepowert, dass dir selbst die einfachsten Dinge spanisch vorkommen.

✱ Hilft keiner dieser Tipps gegen die totale Nervosität, versuch's doch mal hiermit: Stell dir deinen Lehrer oder deine Lehrerin einfach in Badehose oder Bikini vor. Das ist besonders wirkungsvoll bei mündlichen Prüfungen oder auch, wenn du über die Hausaufgaben ausgefragt wirst. Lehrer erscheinen unter einem anderen Blickwinkel nämlich ganz »normal« – schließlich sind sie ja auch nur Menschen ...

LEHRER ...

... die unbekannten Wesen

Gute Seiten, schlechte Seiten: Lehrer sind eigentlich wie ein offenes Buch. Hast du sie einmal durchschaut, kann in der Schule nichts mehr schiefgehen. Auf dem Weg zu Bestnoten gibt's hier eine kleine Anleitung, wie du mit den Chefs und Chefinnen im Klassenzimmer richtig umgehst. Übrigens: Auch wenn unsere Lehrertypen hier männlich sind, gibt es sie natürlich immer auch als weibliche Ausgabe.

Kleine Lehrertypologie

DER COOLE

Daran erkennst du ihn: Er stürmt mit Jeans und Sneakern das Klassenzimmer und weiß, dass du nicht deine Großeltern meinst, wenn du über die 3. Generation sprichst. Meist bietet er an, »Du« zu ihm zu sagen, und ihr würdet euch nicht mal wundern, wenn ihr ihn auf der Love Parade ravend auf einem Techno-Transporter entdeckt. Fast könnte man meinen, er sei nur Lehrer geworden, damit er mehr Zeit zum Feiern hat. Doch Pech gehabt! Auch wenn er ganz vorne an der Spaßfront steht, lässt er Party pur im Klassenzimmer nicht zu. Das sorgt in den ersten Unterrichtsstunden zwar für etwas Verwirrung. Aber sobald er seinen Unterricht Marke »Abenteuer Lernen« durchzieht, hat er die Spannung auf seiner Seite. Weil er aus dem Satz des Pythagoras eine aufregende Story macht und selbst trockene Chemieformeln mit kleinen Experimenten zum Knaller werden lässt.

Seine Macken: Cool hin oder her – auch er hat seine kleinen Macken. Er kann es als »Berufsjugendlicher« nämlich nicht ertragen, wenn er nicht »dazugehört«. Sein Wunsch, die Zeit zurückzudrehen und selber noch mal Schüler zu sein, verteidigt er als pädagogisches Grundprinzip der Gleichberechtigung! Abgesehen davon liebt er nichts mehr als Beifall und Bewunderung. Deshalb lädt er seine Schüler gerne mal ins Kino oder sogar zu sich nach Hause ein.

So wickelst du ihn um den Finger: Ganz klar, du hast Besseres zu tun, als jedes Wochenende im Garten deines Lehrers am Lagerfeuer zu sitzen und pädagogisch wertvolle Kartoffeln zu grillen. Die Kunst, ihn nicht zu enttäuschen, liegt deshalb in der richtigen Entschuldigung. Finde ihn toll und heuchle dabei ein wenig Engagement – für die Selbsthilfegruppe der Opfer entflogener Wellensittiche bis zum Bastelnachmittag für Kick-Boarder mit Schleudertrauma. Er wird es garantiert verstehen!

Und du hast noch nicht einmal geschwindelt – schließlich ist es absolut sozial, sich um seine wirklichen Freunde zu kümmern.

DER DIKTATOR

Daran erkennst du ihn: Wenn du an seinen Unterricht denkst, verursacht das auf der Stelle Bauchschmerzen. Er ist so superstreng, dass du schon einen Verweis wegen Störens bekommst, wenn du einmal husten musst. Einzig und allein das Geräusch vor Angst zähneklappernder Schüler scheint ihm zu gefallen. Seine Lieblingsbeschäftigung im Unterricht ist natürlich das akribische Abfragen der Hausaufgaben. Wenn ihm dabei mal ein Lächeln über die Lippen huscht, hat er garantiert jemanden erwischt, der nicht gelernt hat. Darauf scheint er nur zu warten, denn endlich kann er all seine Macht ausspielen und schlechte Noten verteilen. Trotzdem stellt sich selbst den fleißigen Schülern die ewige Frage, ob er überhaupt weiß, wie man eine 1 oder eine 2 schreibt. Denn diese Noten kommen bei ihm praktisch nie vor.

Seine Macken: Er ist furchtbar pingelig. Und wenn etwas nicht genau nach Plan läuft, wirft ihn das gleich aus der Bahn. Also mach dich auf eine besonders schreckliche Unterrichtsstunde gefasst, wenn der Wetterbericht Sonne vorausgesagt hat und es trotzdem wie aus Kübeln gießt – damit sinkt seine Laune noch tiefer unter den Gefrierpunkt.

So wickelst du ihn um den Finger: Das Unmögliche machst du wahr, wenn du ihn mit gespieltem Ehrgeiz austrickst. Dazu reicht es, sich freiwillig bei den Hausaufgaben zu melden. Erstens ist ihm Gehorsam suspekt, zweitens befürchtet er seine verpasste Chance, einen faulen Schüler zu erwischen, und drittens könntest du ihn darum bringen, seine chronisch schlechte Laune an euch abzulassen. Wetten, dass er notorisch an dir vorbeischaut, sobald dein Finger in die Höhe schnellt?

DER LANGWEILER

Daran erkennst du ihn: Du fragst dich ständig, ob er einen Sponsorenvertrag bei einem Kaffeehändler hat, denn in seinem Unterricht steigt das Verlangen, sich Kaffee intravenös zu verabreichen. Selbst die Lektüre des Telefonbuchs von Kairo ist spannender. Das Gemeine: Wer in der Schule ständig Schiffe versenken spielen muss, um nicht einzuschlafen, der bekommt sonst nichts mit. Auch nicht das bisschen, das er euch beibringen will. Aber spielt das wirklich eine Rolle? Nach dem Gong kann sich sowieso keiner daran erinnern, was eigentlich los war. Nicht einmal der Lehrer selbst, der genauso lautlos und unbemerkt verschwindet, wie er gekommen ist.

Seine Macken: Was für Macken? Der Langweiler ist so langweilig, dass er wirklich nicht auffällt.

So wickelst du ihn um den Finger: Gar nicht so einfach, denn dazu musst du den Langweiler erst einmal wahrnehmen. Ist dir das allerdings gelungen, schenk ihm ein wenig Aufmerksamkeit und lobe ihn für die Auswahl seiner Themen. Sei dabei ganz unbesorgt, dass deine Mitschüler dir das übel nehmen könnten, denn die dämmern ja ahnungslos vor sich hin. Und wundern sich spätestens bei der Zeugnisvergabe, wie du zu deiner Traumnote gekommen bist.

DER CHAOT

Daran erkennst du ihn: Wirrer Blick, wuschelige Haare und wilde Bewegungen – der Chaot wirkt immer leicht hektisch und scheint ständig auf der Suche zu sein. Mal findet er das Klassenzimmer nicht, mal hat er vergessen, ob er mit dem Auto oder dem Fahrrad zur Schule gekommen ist. Fragst du ihn nach seinem Namen, wäre es nicht verwunderlich, wenn er als Antwort »Moment, ich muss schnell mal in meinen Ausweis schauen« stammelt. Dafür ist der Unterricht bei ihm wirklich witzig und unterhaltsam – vor allem, weil der Chaot vorwiegend in Chemie- und Physiksälen zu finden ist. Dort sorgt er immer wieder für Bombenstimmung, wenn eines seiner Experimente danebengeht, weil er die Zutaten für das Reagenzglas verwechselt hat.

Seine Macken: So verwirrt wie seine Erscheinung ist auch sein Unterricht. Mit seiner Art, den Stoff durchzuziehen, hätte er mehr Chancen Comedy-Star zu werden als den Titel »Lehrer des Jahres« zu ergattern. Doch auch wenn es während seiner Stunden viel zu lachen gibt, vergeht dir das spätestens, wenn du zu Hause für die nächste Schulaufgabe lernen musst. Denn so richtig hängen geblieben ist nichts.

So wickelst du ihn um den Finger: Nur aufgrund der Schusseligkeit eines Lehrers viel Geld für Nachhilfestunden auszugeben – nein, das ist selbst beim Chaoten nicht notwendig. Schlaumeier lesen den Stoff im Schulbuch nach, und wer nicht so gut mitkommt, fragt ihn einfach selber. Denn das Plus des Chaoten ist seine Liebenswürdigkeit. Wenn du ihn nach Schulschluss noch um Hilfe bittest, fühlt er sich total geschmeichelt. Und er nimmt sich alle Zeit der Welt, den Stoff mit dir noch einmal durchzugehen – schließlich hat er ja vergessen, wann er zu Hause sein wollte.

DER KLEMMI

Daran erkennst du ihn: Läufst du ihm über den Weg, bist du die ganze Zeit versucht nach deinem Kontostand zu fragen, denn: Hinter einem Bankschalter wäre der Klemmi bestens aufgehoben. Dort könnte er sich unter der Maske der Seriosität verstecken. In der Tat ist er immer korrekt gekleidet – er würde eher Weihnachten vergessen, als jeden Morgen eine Krawatte akkurat zu binden. Deshalb verwechseln manche Schüler ihn anfangs mit dem diktatorischen Typ. Doch über seine Urangst vor dem Schüler im Allgemeinen kann er nur kurz hinwegtäuschen. Das erkennst du daran, dass sich bei Stress die männlichen Vertreter der Spezies mit Schweißtropfen auf der Stirn am Pult festkrallen, während die weiblichen Klemmis Heuschnupfen selbst im tiefsten Winter vortäuschen und schniefend aus dem Klassenzimmer laufen. Wahrscheinlich ist deshalb, dass dem Klemmi ein Therapeut geraten hat Lehrer zu werden. Ganz schön gemein, denn den Schulalltag steht er nur durch, weil er sich am Lehrplan entlanghangelt wie an einer Rettungsleine.

Seine Macken: Schau einem Klemmi niemals in die Augen, denn das macht ihn nur noch nervöser. Abgesehen davon gibst du dem notorischen Weggucker die Chance, sich tatsächlich dein Gesicht zu merken. Und so riskierst du, sein nächstes Opfer zu werden, wenn es darum geht, den Stoff abzufragen.

So wickelst du ihn um den Finger: Der Klemmi hat nur eine Chance sich durchzusetzen: die Noten. Hast du dabei eher schlechte Karten, solltest du dich für ihn einsetzen. Ein kurzes »Seid doch endlich mal still« während des Unterrichts zu deinen Klassenkameraden entlarvt dich nicht gleich als Schleimer, bringt dir beim Klemmi aber sofort Pluspunkte. Denn das Sensibelchen an der Schule hört immer hin, wenn jemand seine Partei ergreift.

DER SPORTLER

Daran erkennst du ihn: Fühlst du dich nach seinem Unterricht, als hättest du einen 10 000-Meter-Lauf hinter dich gebracht, obwohl doch eigentlich Englisch auf dem Stundenplan stand? Klopft er ständig Sprüche wie »Vor den Erfolg hat das Olympische Komitee den Schweiß gesetzt!« und treibt er euch mit gefletschten Zähnen zu Höchstleistungen an? Dann bist du an den Sportlichsten unter den Lehrern geraten. Wobei du Sport leider nicht mit Spaß, sondern mit tierisch hohen Anforderungen gleichsetzen musst. Dabei gilt es, nur erste Plätze zu erkämpfen – Schüler, die im Mittelmaß zu Hause sind, ignoriert er schlichtweg. Was natürlich auch Vorteile hat. Denn hinter dem Treppchen mit den Siegertypen kannst du dich prima verstecken und eine ruhige Kugel schieben.

Seine Macken: Die Power des Sportlers beschränkt sich nicht nur darauf, den Lehrstoff in Rekordgeschwindigkeit durchzuhecheln. Er benutzt die Schüler auch als Mittel zum Zweck, um unter den Kollegen groß rauszukommen. Wirklich spannend dabei: Bei dem Versuch, die Klasse auf seine Seite zu bringen, plaudert er die nettesten Geheimnisse aus dem Lehrerkollegium aus.

So wickelst du ihn um den Finger: Nichts einfacher als das! Entweder du bleibst für ihn weiter unsichtbar – oder aber du wählst die Offensive, ohne in seinem Fach die T-Shirts durchzuschwitzen. Dabei darfst du ihn ruhig mit seinen eigenen Waffen schlagen. Beschwer dich über die Ungerechtigkeit von Lehrer XY, und schon sieht er in dir einen Verbündeten, den er gerne in sein Team aufnimmt. Und da er unangefochten der Team-Leader bleiben wird, zieht er dich logischerweise mit durch – bis zum nächsten Zeugnis!

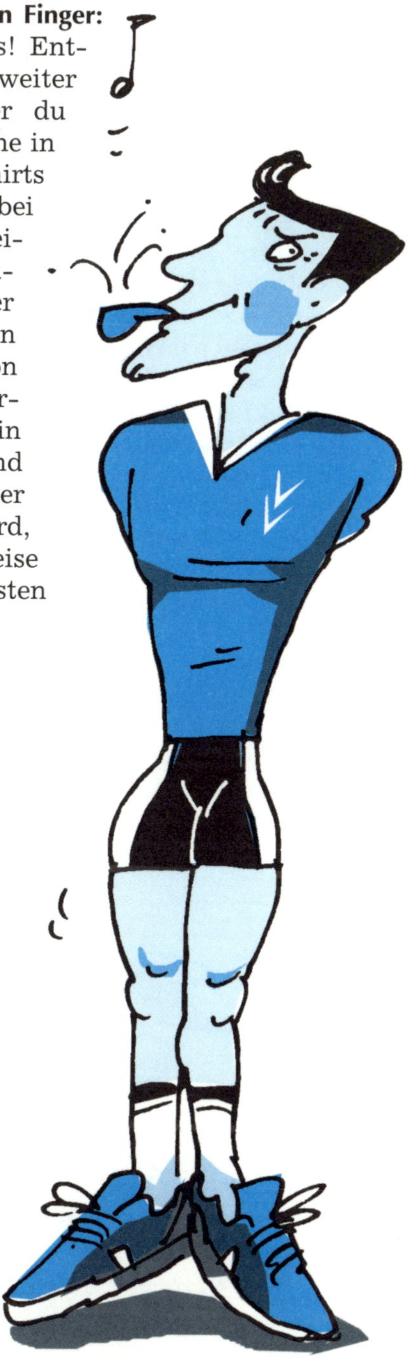

BLOSS NICHT ÄRGERN LASSEN!

Zugegeben, manchmal hat man einfach Pech mit den Paukern! Dabei musst du zwischen zwei Lehrertypen unterscheiden: Mit den einen kommst du einfach nicht klar, und die anderen sind wirklich richtig gemein und haben dich auf dem Kieker. Bei Ersteren bringst du den Unterricht nach dem Motto »Augen zu und durch« am besten hinter dich. Denn wenn jemand nun mal nicht auf deiner Wellenlänge liegt, hilft entweder nur eine anstrengende Kursänderung, oder aber du akzeptierst das und versuchst dem Lehrer keine Angriffsfläche zu bieten, indem du dich im Unterricht beteiligst und deine Hausaufgaben möglichst nicht vergisst. Leider gibt es aber auch die Lehrer, bei denen man den Eindruck hat, dass sie sich jeden Morgen noch vor dem Kaffee über ihren Beruf schwarz ärgern. Dafür müssen dann die Schüler büßen: Im Unterricht hagelt es Ungerechtigkeiten, und schlechte Noten gehören zum guten Ton.

FAQs zu fiesen Lehrern

Wie du mit solchen Spaß-an-der-Schule-Verderbern umgehst, erfährst du hier. Dabei gilt: Wenn du mit den Tipps nicht weiterkommst oder dir ein ganz hartnäckiges und fieses Lehrerexemplar das Schülerleben schwer macht, kannst du dich immer an den Vertrauenslehrer oder den Elternbeirat wenden.

Wenn der Lehrer immer nur rumbrüllt ...

... solltest du zunächst einmal Ursachenforschung betreiben. Check, ob hinter seinen Wutausbrüchen vielleicht die pure Hilflosigkeit steckt, weil eure Klasse ihn schlichtweg tyrannisiert. Manche Lehrer schaffen es nämlich nicht, sich durchzusetzen, und reagieren dann mit Lautstärke und Ungerechtigkeiten. In diesem Fall solltest du dich an den Klassensprecher oder direkt an deine Schulkollegen wenden. Du oder der Klassensprecher sollte den Lehrer auf die Problematik ansprechen. Merkt er, dass er ein paar Schüler hinter sich hat, wird er sicher schon gelassener sein. Kleiner feiner Nebeneffekt: Solches Engagement wirkt sich immer positiv auf die Noten aus.

Tipp:

Wendet euch entweder an den Vertrauenslehrer oder aber an den Elternbeirat, um den Lehrer zur Rede zu stellen. So erreicht ihr, dass er sich zusammenreißen muss, weil er merkt, dass sein unangemessenes Verhalten kontrolliert wird.

Ist der Lehrer jedoch cholerisch veranlagt, d.h. die Wutausbrüche sind eine seiner (unangenehmen) Charaktereigenschaften, müsst ihr zunächst sein gesamtes Verhalten scannen. Seid ihr überzeugt, dass er seinen Job mehr als Alptraumberuf ansieht, ist es besser, einer direkten Konfrontation aus dem Weg zu gehen.

Gehören gelegentliche Ausraster eher zu seinem Temperament, könnt ihr den Lehrer direkt darauf ansprechen und ihn bitten etwas cooler zu sein.

Wenn die Klassenarbeit total ungerecht benotet ist ...

... solltest du zunächst herausfinden, ob du »nur« eine bessere Note erwartet hast oder ob die Beurteilung deiner Arbeit wirklich ungerecht ist. Deshalb gilt: Nicht gleich losschimpfen, sondern die Klassenarbeit erst mal mit nach Hause nehmen. Da kannst du nämlich in Ruhe über die Randbemerkungen deines Lehrers nachdenken und vielleicht auch mit deinen Eltern darüber sprechen. Und wer weiß: Vielleicht hat der Lehrer ja doch recht gehabt.

Wenn du trotzdem dabei bleibst, dass du eine bessere Bewertung verdient hast, machst du dir am besten eine Kopie des Arbeitsblattes und kommentierst die Randbemerkungen deines Lehrers

mit deinen Einwänden. So ist sicher, dass du deine Kritikpunkte nicht vergisst. Bitte dann den Lehrer um ein Gespräch – am besten natürlich während seiner Sprechstunde und nicht zwischen Tür und Angel. Kommt ihr zu keinem Ergebnis, kannst du entweder deine Eltern oder auch den Vertrauenslehrer einschalten.

Wenn alle aus der Klasse eine schlechte Note bekommen haben und der Lehrer nicht gesprächsbereit ist, fragt euch erst einmal ganz ehrlich, ob es eventuell an kollektiver Faulheit lag. Ist mangelnder Lerneifer kein Grund, bittet die Schulleitung um Nachkorrektur durch einen anderen Lehrer. Unterstützung bei den Verhandlungen könnt ihr euch auch bei diesem Problem immer vom Elternbeirat oder aber vom Vertrauenslehrer holen.

Wenn der Lehrer immer zu spät kommt und dann den Unterricht bis in die Pause überzieht ...

... hilft wie bei allen Problemen erst einmal Reden. Ist Mr. Unpünktlich allerdings nicht zur Besserung bereit, schlagt ihn mit seinen eigenen Waffen.

Kommt selber – am besten als geschlossene Klassengemeinschaft – noch unpünktlicher als er. Und auch wenn's schwerfällt – will er den Unterricht beenden, lasst ihn nicht gehen! Bombardiert ihn mit Fragen bis weit in die Pause hinein (das ist ja auch seine Pause!). Garantiert genügt dann nur noch ein kleiner Hinweis, damit er die Aktion begreift und sein Verhalten überdenken wird.

Wenn du glaubst, dass der Lehrer dich nicht ausstehen kann ...

... fragst du erst einmal bei deinen Klassenkameraden nach, ob sie auch den Eindruck haben, dass er dich besonders auf dem Kieker hat. Manchmal sind solche Empfindungen nämlich nur extrem subjektiv. So kann es sein, dass er nicht gerade dein Lieblingsfach unterrichtet. Logisch, dass er dich deshalb öfter zum Lernen auffordert oder dich anmeckert, weil du (mal wieder?) eine Aufgabe nicht erledigt hast. Das solltest du dann allerdings nicht persönlich nehmen, sondern lediglich auf die nicht so guten Leistungen schieben.

Manche Lehrer sind aber beispielsweise echte Experten für Sippenhaft. Das bedeutet, dass du schlechte Karten bei ihm hast, wenn vielleicht eines deiner älteren Geschwister schon mit ihm im Clinch lag. Ist das der Fall, musst du dich häufig doppelt anstrengen, um das Gegenteil zu beweisen. Du kannst den Lehrer aber auch darauf ansprechen und ihm freundlich sagen: »Ich weiß, dass mein Bruder (meine Schwester) ziemlich Mist gemacht hat. Aber ich bin wirklich an dem Fach interessiert und würde mich freuen, wenn Sie mich nicht mit meinem Bruder (meiner Schwester) vergleichen!«

Wenn du findest, dass sich das zu »schleimig« anhört, denk daran, dass du es immer erst auf die nette Tour versuchen solltest – getreu nach dem Motto eines alten Philosophen-Sprichwortes: Freundlichkeit ist die beste Waffe!

Wenn der Lehrer Vertretungsstunden ständig dafür nutzt, um seinen Stoff noch weiter voranzutreiben ...

... ist das zwar fies, aber erlaubt! Das heißt, dass ihr euch in der Vertretungsstunde wohl oder übel damit abfinden müsst, dass der jeweilige Vertretungslehrer sein eigenes Unterrichtsprogramm durchziehen kann – und euch sogar Noten geben darf. Bleibt euch also nur übrig, auf seinen »Good Will«, also auf sein Entgegenkommen, zu hoffen. Mit einem kleinen Trick kommt ihr bei ihm bestimmt weiter: Sagt ihm, dass ihr euch auf die Unterrichtsstunde, die ausgefallen ist, vorbereitet habt. Jetzt möchtet ihr gerne die Zeit nutzen, um mit den Klassenkameraden entweder den Stoff noch einmal zu vertiefen oder aber die nächste Stunde vorzubereiten. Ein kleiner Hinweis, dass der erkrankte Lehrer euch gebeten hätte, in Ausfallstunden so vorzugehen, wirkt Wunder. Schließlich will sich der Übereifrige nicht mit seinen Kollegen anlegen!

Wenn der Lehrer euch ständig nachspioniert und überprüfen will ...

... steht erst mal wieder Selbstkritik im Vordergrund. Hat er vielleicht einen Grund dazu, weil ihr ihn schon öfter mal ausgetrickst habt? Dann könnt ihr sein Vertrauen nur wiedergewinnen, indem ihr die Prüfungsprozeduren über euch ergehen lasst. Sammelt er regelmäßig die Hefte ein, ist es natürlich wichtig, dass ihr alle Hausaufgaben ordentlich ausgeführt habt. Bereitet euch am besten auf das nächste Mal so vor, dass ihr eure Hefte untereinander tauscht und fehlende Aufgaben nachtragt. Wendet ihr diesen Trick ein paar Mal hintereinander an, wird auch den misstrauischen Lehrer die Macht der Gewohnheit beeinflussen. Das heißt nichts anderes, als dass er sicher ist, dass ihr auch in Zukunft eure Aufgaben so vorbildlich erledigt. Ganz einfach aus dem Grund, weil er sicher Besseres zu tun hat, als ständig eure Hefte zu kontrollieren.

Wenn der Lehrer Jungs bevorzugt oder Mädchen besser behandelt ...

... hilft wieder ein Griff in die Schüler-Trickkiste. Denn es gibt sie wirklich, die Pauker, die einen echten Geschlechterbonus vergeben. Da ist vielleicht der Chemielehrer, der der Meinung ist, dass Formeln für Mädchen nur wichtig sind, wenn es um die Zusammensetzung des neuesten Blondtons zum Haarefärben geht. Oder die Kunstlehrerin, die findet, dass Jungs bei Mondrian an alles vom neuen Beruhigungsmittel bis zum Computerspiel denken – nur nicht an einen zeitgenössischen Maler. Bei Experten mit Vorurteilen hilft häufig die Überraschungstaktik. Verblüfft den Jungs-/Mädchen-Bevorzuger damit, dass auch die anderen was drauf haben. Dabei gilt: Im Team seid ihr nicht nur stärker, sondern auch erfolgreicher. Bildet also eine Jungs- oder Mädchengruppe und schlagt den betreffenden Lehrern ein Referat vor, weil ihr euch brennend für dieses Thema interessiert. So viel Eigeninitiative bringt euch eine Menge Anerkennung und wird garantiert immer belohnt.

DIE BESTEN AUSREDEN

Zu spät gekommen, Hausaufgaben vergessen oder sogar die letzte Stunde geschwänzt und dabei erwischt worden? Da hilft nur eins: Wenn du dich aus diesem Schlamassel schon rausreden willst, sollte deine Entschuldigung nicht nur clever, sondern möglichst auch witzig und ausgefallen sein. Denn je weniger Alltägliches du an den Lehrer bringst, desto eher wird er dir glauben. Oder aber so sehr über deine (faule) Ausrede schmunzeln, dass er sie gelten lässt. Und deshalb ist hier ausnahmsweise mal Flunkern erlaubt.

Aber Achtung: Übertreiben sollte man den Spaß mit den Entschuldigungen natürlich nicht, sonst hat man ganz schnell ausgelacht.

Hier gibt's die coolsten Ausreden für alle Fälle:

Wenn du zu spät kommst ...

- »Ich musste meinem kleinen Bruder noch das Alphabet beibringen.« (besonders wirkungsvoll beim Deutschlehrer)
- »Mein kleiner Bruder hat sich einen Spaß erlaubt und meine Schultasche versteckt. Als ich das gemerkt habe, war er schon im Kindergarten und es hat so lange gedauert, bis ich sie gefunden habe.«
- »Ich wollte die Zeit berechnen, die ich brauche, um mit dem Fahrrad in die Schule zu kommen. Als ich fertig war, fing die Stunde leider schon an.« (passend, wenn du zur Mathestunde zu spät kommst)

* »Die Bushaltestelle ist verlegt worden. Ich musste sie erst suchen gehen.«
* »Ich war schon fast in der Schule, als da so ein rücksichtsloser Autofahrer direkt neben mir durch die Pfütze bretterte. Ich war pitschnass und musste wieder nach Hause, um mich umzuziehen.« (nur bei Regenwetter bitte)
* »Bei unseren Nachbarn ist eingebrochen worden und die Polizei hat mich noch verhört, ob ich etwas Auffälliges gesehen hätte.«
* »In unserer Straße war Stromausfall, deshalb ging mein Radiowecker nicht mehr richtig und konnte mich nicht wecken.«

Wenn du deine Hausaufgaben vergessen hast ...

* »Meine Mutter hat das Heft versehentlich eingesteckt und mit ins Büro genommen.«
* »Es ist mir voll peinlich, aber unser Kater hat auf das Heft gepinkelt. Ich konnte es nur noch wegwerfen.«
* »Unser Hund hat mein Heft aufgefressen.«
* »Zu dumm, aber ich hab ein neues Heft angefangen. Die Hausaufgaben sind aber noch im alten Heft. Und das ist zu Hause.«
* »Ich hab leider meine Schultasche beim Pokern verloren.«

Wenn du beim Schule-Schwänzen erwischt wirst ...

* »Ich bin hier mit meiner Mutter verabredet, die mir ein Heft bringen wollte. Sie muss sich verspätet haben.«
* »Ich hab heute Morgen etwa hier meinen Schlüssel verloren und suche ihn jetzt.«
* »Ich bin sicher, dass auf dem Vertretungsplan steht, dass die letzte Stunde entfällt.«
* »Ich weiß, dass ich spät dran bin, aber ich wollte unseren Klassenlehrer mit frischen Brötchen überraschen.«

Übrigens …

… wenn du ganz dringend eine Ausrede brauchst, gibt es sogar eine Ausreden-Agentur. Da kümmern sich Flunkerspezialisten darum, Entschuldigungen möglichst glaubhaft unter die Leute zu bringen.
Zu erreichen ist die Agentur auch online unter **www.ausreden-agentur.de.**

Weitere Ausreden für alle Fälle gibt's ebenfalls im Internet. Unter **www.ausreden24.de** kannst du dir sogar Rat für ganz spezielle Fälle holen. Stell deine Situation, für die du eine Entschuldigung benötigst, einfach ins Netz und manchmal hast du schon wenige Stunden später die perfekte persönliche Ausrede.

DAS DICKE ENDE ...

Glückwunsch, denn jetzt kennst du alle Tipps und Tricks, mit denen dir das Lernen ganz leicht fällt. Dazu noch perfekte Strategien, mit denen du die Lehrer auf deine Seite ziehst, und schon macht Schule richtig Spaß! Auch wenn du nicht gleich im nächsten Monat die Hitliste der Klassenbesten anführst – Hauptsache ist: Lernen bringt dich weiter und du kannst deine Erfolge beim Pauken ausgiebig genießen. Ganz einfach, weil auch nach der Schule in deinem Terminkalender noch genügend Zeit für jede Menge Fun in der Freizeit bleibt.

Lass dir deshalb auch von Problemen den Schulspaß nicht vermiesen! Egal ob du Stress mit deinen Mitschülern oder mit deinen Lehrern hast – kann dir der Vertrauenslehrer nicht weiterhelfen, solltest du dich unbedingt an Fachleute wenden. Dort bekommst du schnell kompetenten Rat, ohne dich selber aufzureiben.

Andere Schulen haben auch nette Lehrer

Wenn dir die Schule trotz aller Tipps und Tricks Bauchschmerzen bereiten sollte, ist Ursachenforschung angesagt. Vielleicht liegt es ja weder an fiesen Lehrern noch an blöden Mitschülern, dass du auf keinen grünen Zweig kommst. Ist Lernen zurzeit einfach nicht dein Ding oder kommst du wirklich nicht auf eine Wellenlänge mit deinen Paukern? Dann solltest du ernsthaft über einen Schulwechsel nachdenken.
Selbst wenn du vom Gymnasium zur Realschule wechselst, verbaust du dir keine Zukunftschancen. Im Gegenteil: Du verschaffst dir eine kleine Atempause und sorgst gleichzeitig dafür, dass du ganz fix dein Zeugnis wieder vorzeigen kannst. Und dann ist endlich auch in der Schule wieder Fun statt Frust angesagt!

Nummer gegen Kummer: 0800-1110333 montags bis freitags 15 bis 19 Uhr

Das Sorgentelefon des Kinderschutzbundes kann man immer anrufen, wenn einen etwas bedrückt – natürlich auch, wenn es gar nichts mit der Schule zu tun hat. Der Anruf ist kostenlos, und man kann auf Wunsch völlig anonym bleiben. Selbstverständlich wird von den Mitarbeitern alles, was du ihnen erzählst, vertraulich behandelt, d.h. wenn du es nicht willst, erfährt niemand etwas davon.
Wichtig: Du kannst die Kummernummer auch von zu Hause aus anrufen, ohne dass deine Eltern etwas merken. Gebührenfreie 0800-Nummern tauchen nämlich auf der Telefonrechnung nicht auf. Dürfen deine Eltern von deinem Telefonat nichts erfahren, solltest du allerdings daran denken, bei modernen Telefonapparaten die Wahlwiederholungs- oder Anrufliste zu löschen.
Du kannst dich aber auch schriftlich an den Kinderschutzbund wenden:

Deutscher Kinderschutzbund
Schiffgraben 29
30159 Hannover

Schulberatung

Schulprobleme von Mobbing über Gewalt bis hin zu Stress mit den Lehrern wirst du bei der Schulberatung los. Adressen bekommst du über dein zuständiges Schulamt, das du über die Gemeinde oder das Rathaus erfährst.

Online-Hilfe gibt's unter www.schulberatung.de oder www.schulpsychologie.de.
Hier findest du auch eine nach Ländern geordnete Adressenliste von Schulberatungsstellen in deiner Nähe.

KARIN KAMPWERTH

SO ÜBERLEBST DU DIE SCHULE

SURVIVALTIPPS FÜR DIE HÄRTESTE ZEIT IM LEBEN

INHALT

AUGEN AUF UND DURCH!

Zugegeben, es ist schwer, jemanden aufzustöbern, der Schule richtig toll findet. Schon am frühen Morgen nimmt das Drama seinen Anfang. Der Wecker klingelt unerbittlich und erinnert an die lästige Pflicht, vor der du dich am liebsten unter der Bettdecke verstecken würdest. Doch du bist chancenlos, denn deine Eltern kennen kein Pardon. Wenn du nicht von selbst aufstehst, treiben sie dich eben aus den Federn. Schnell ins Bad, anziehen, frühstücken und ab aufs Fahrrad oder in den überfüllten Schulbus.

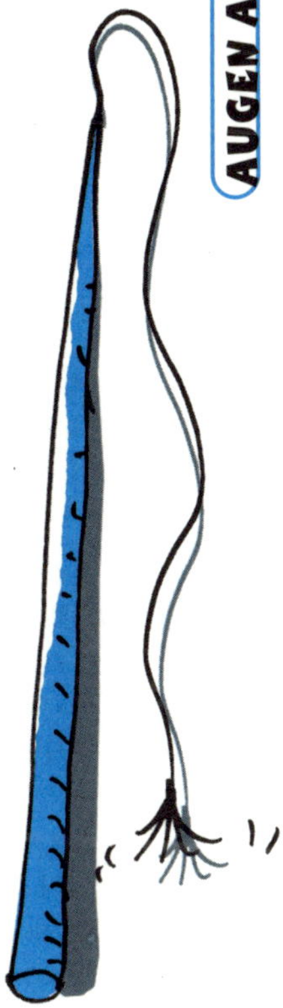

Womöglich drohen gleich in der ersten Stunde eine Klassenarbeit, Vokabelausfragen oder andere Gemeinheiten, mit denen die Lehrer dir auf den Zahn fühlen wollen, um den neuesten Stand deiner Noten abzuchecken. Der erste Lichtblick des Vormittags kündigt sich in Form der großen Pause an. Endlich kannst du mit deinen Freunden quatschen, den Nachmittag verplanen oder eine Flirtrunde einlegen.

Auch nach der letzten Stunde ist der Schulalltag noch längst nicht gelaufen. Bevor Action mit der Clique angesagt ist, mühst du dich mit mathematischen Formeln oder englischer Grammatik, die den Weg in dein Gehirn einfach nicht finden wollen.

Schule ist einfach superanstrengend.

Für alle, die sich damit nicht abfinden und trotz allem Stress das Beste aus der Schulzeit machen wollen, ist dieser Ratgeber genau richtig. Hier findest du den perfekten Survival-Guide, wie du die Schule mit Spaß hinter dich bringen kannst.

Dabei helfen nicht nur Lernstrategien, sondern auch Tipps und Tricks, wie du dein Glück im Klassenzimmer selbst in die Hand nehmen kannst: wie du mit ungerechten Lehrern klarkommst und wie du Mitschülern begegnest, die dir oder anderen das Leben schwer machen. Logisch, dass du es nicht nur den Paukern überlassen musst, den Schultag zu gestalten. Deshalb findest du in diesem Buch viele tolle Infos, wie du kreativ für ein gutes Klassen- und Schulklima sorgen kannst – von der Organisation von Arbeitsgemeinschaften bis hin zum Mitplanen der Klassenfahrt oder zu Action-Ideen für die Pausen.

Start-up ins wirkliche Leben

Dass Schule wichtig ist, hörst du garantiert einmal täglich von deinen Eltern. Dabei spielt es keine Rolle, ob du später mal Friseurin, Schauspielerin oder Ärztin werden willst oder eine Karriere als Stuntman, Schriftsteller oder Pilot anstrebst. Deine Schulausbildung ebnet dir den Weg zum Traumjob. Das wissen selbst Superstars wie Topmodel Heidi Klum, die vor ihrer Laufstegkarriere ihr Abitur gemacht hat. Genau wie Franka Potente, die erst nach dem Abi auf die Schauspielschule gegangen ist. Oder die oscarprämierte Regisseurin Caroline Link, die an der Münchner Filmhochschule ihr Handwerk studierte. Selbst Popstar Sarah Connor ist erst nach dem Abi richtig erfolgreich geworden. Bayernkeeper Oliver Kahn oder Mannschaftskollege Michael Ballack haben ein Studium absolviert, bevor sie auf dem Fußballplatz zu Kickerstars wurden. Ob Abi, Real- oder Hauptschulabschluss, ein gutes Zeugnis bringt dich deinen beruflichen Zielen näher. Weil Chefs bei der Auswahl ihrer Azubis zuerst immer den Noten-Check machen.

Ohne geht's nicht

Natürlich hast du dir schon oft gedacht, wie schön es wäre, jeden Tag ausschlafen zu können und frei von den lästigen Schülerpflichten zu sein. Nie mehr Notendruck, Hausaufgaben und Ärger mit fiesen Lehrern. Wenn du gerade richtig Trouble in der Schule hast und vor Stress nicht mehr weißt, wo dir der Kopf steht, klingt es vielleicht zynisch, aber trotzdem solltest du nicht vergessen, dass Schulbildung immer noch eine Art Privileg ist. Nicht allen Kindern und Jugendlichen auf der Welt ist es vergönnt, mithilfe einer guten Bildung später erfolgreich auf eigenen Füßen stehen zu können. So schätzt das internationale Kinderhilfswerk, dass rund um den Globus 121 Millionen Kinder, davon 65 Millionen Mädchen, keine Schule besuchen können oder dürfen.

Und so ganz ohne wäre es doch auch nichts, oder? Stell dir nur mal vor, wie schwierig es wäre, sich in unserer modernen Welt zurechtzufinden, ohne lesen und schreiben, ohne rechnen oder ohne Fremdsprachen zu können. Das allein ist Grund genug, sich den Schulalltag nicht verderben zu lassen und die paar Jahre, die noch vor einem liegen, auch mit einer Menge Spaß hinter sich zu bringen.

mp3
cd

FIXE STRATEGIEN FÜR FAULE

Lernen mit Köpfchen

Du sitzt vor deinen Büchern – und sitzt und sitzt. Aber der Stoff will einfach nicht in deinen Kopf hinein. Höchste Zeit, dass du deine Strategie änderst! In diesem Kapitel erfährst du, wie du wirkungsvoller und schneller büffeln kannst. Denn auch Lernen will gelernt sein! Und wenn man weiß, wie, fliegt einem das Wissen manchmal fast spielend leicht zu.

KURZ UND SCHMERZLOS LERNEN

Keine Zeit zum Pauken, weil deine beste Freundin angerufen hat oder der Kumpel lieber kicken will? Lass dich nicht unter Druck setzen, denn Freizeit ist für Erfolg in der Schule genauso wichtig wie konzentriertes Arbeiten am Schreibtisch. Wenn du es richtig anpackst, kannst du den Stoff für die nächste Prüfung oder die Hausaufgaben auch beim Shoppen oder beim Sport vertiefen. Das funktioniert natürlich nicht immer, denn bei bestimmten Aufgabenstellungen kommst du um ein »stilles Lernörtchen« kaum herum.

Trotzdem behauptet niemand, dass du dich zum Büffeln grundsätzlich in deinem Zimmer hinter den Büchern vergraben musst. Viel besser ist es, auch mal das Angenehme mit dem Nützlichen zu verbinden.
Hier die Top Drei der besten Lern-Locations für Mädchen und Jungs:

Orte, wo Mädchen prima pauken können

1. Immer oben schwimmen

Egal ob Hallen- oder Freibad: Pack deine Badesachen ein und triff dich mit deinen Freundinnen zu wilden Wasserschlachten. Die Planschpausen kannst du prima nutzen, um deine Hausaufgaben zu machen. Von der Mathe-Übung bis zu kniffligen Chemie-Formeln ist alles ruck, zuck erledigt und gleichzeitig kannst du deine Freundinnen fragen, wenn du etwas nicht kapiert hast.

2. Shoppen ist Englisch

Eigentlich müsstest du deine englischen Sprachkenntnisse vertiefen? Kein Problem während eines Shopping-Trips mit deiner besten Freundin. Verabredet euch zu einem netten Bummel durch die nächstgelegene Einkaufsmeile und macht ab, dabei nur Englisch zu sprechen. Das bringt deinen Wortschatz richtig auf Vordermann und gleichzeitig Pluspunkte für den nächsten Englisch-Aufsatz.

3. Beauty-Kur fürs Büffeln

Leg mit deiner Freundin einen Schönheitstag ein. Verwöhnt euch gegenseitig mit Relax-Massagen, Gesichtspackungen oder Haarkuren. Während deine Freundin die Verspannungen aus deinem Rücken knetet, kannst du super im Geschichts- oder Biobuch das Kapitel durchlesen, das ihr für die Schule aufhabt. Bist du mit dem Massieren an der Reihe, kann deine Freundin dein erlerntes Wissen überprüfen. Vorteil: Sobald der Lehrer dich über den entsprechenden Stoff ausfragt, kommt gleichzeitig die angenehme Stimmung, die du während deiner Beauty-Kur hattest, ins Gedächtnis zurück. Lernwissenschaftler haben herausgefunden, dass sich Stoff leichter abrufen lässt, wenn du auch die Lernsituation in guter Erinnerung hast.

Orte, wo Jungs prima pauken können

1. Kino für den Kopf

Während Mädchen beim Shoppen ihre Englischkenntnisse vertiefen, haben Jungs Spaß an der Fremdsprache im Kino. Also nichts wie ab in das neueste Hollywood-Action-Highlight. Allerdings solltest du den Film in der Originalversion gucken, damit du deine Vokabel-Kenntnisse auffrischen kannst.

Tipp: Auch die meisten Spielfilm-DVDs enthalten eine Option, mit der du den Streifen in der Original-Sprache ansehen kannst. Vorteil bei DVDs und fremdsprachigen Videos ist, dass du den Film auch mal stoppen kannst, um ein schwieriges Wort im Lexikon nachzuschlagen oder um dir eine knifflige Passage einfach noch mal anzusehen. Wenn ihr zu mehreren guckt, könnt ihr euch gegenseitig helfen und euch die Leihgebühr teilen.

2. Brain-Biking

Das Auswendiglernen von Geschichtsdaten oder Grammatikformeln erfordert eine Höchstleistung vom Gehirn. Hast du den Lernstoff intus, schwing dich auf dein Rad und tritt kräftig in die Pedale. Damit kommen nicht nur deine Muskeln in Schwung, sondern auch deine Denkzentrale im Kopf. Du kannst das soeben Gelernte wiederholen und perfekt einprägen, weil der Rhythmus beim Radeln den roten Faden liefert, an dem sich das Wissen seinen Weg in dein Gehirn bahnt. Bittet dich dein Lehrer in der nächsten Stunde für den Lern-Check an die Tafel, ist dir die Erinnerung an den Rhythmus dabei behilflich, den Stoff richtig wiederzugeben.

3. Echt aufbauend

Wenn dir Mathematisches Mühe macht, hilft der praktische Umgang mit Zahlen und Formeln. Vielleicht braucht dein Hamster ja ein neues Freigehege oder deine kleine Schwester freut sich über eine selbst gebaute Puppenstube. Zeichne einen Plan für ein solches Bauwerk und berechne Größe und Materialbedarf. Das bringt dein räumliches Vorstellungsvermögen in

Bestform und hilft beim Lösen von geometrischen Aufgaben im Unterricht.

Extratipp zum Zeitsparen

Wenn die Zeit zum Lernen drängt und du gleichzeitig nicht auf das Date mit deinen Freunden verzichten willst, lass deiner Kreativität freien Lauf. Überlege, wie du deinen Lernstoff am besten in das Treffen einbauen kannst. Das funktioniert nahezu immer, wenn es um das reine Abfragen von Wissen geht. Statt deiner Eltern können das genauso gut deine Freunde erledigen. Schnapp also deine Bücher, wenn ihr beispielsweise einen Video-Nachmittag oder eine Skater-Runde eingeplant habt. Film ab heißt es dann eben zehn Minuten später, wenn alle Vokabeln kontrolliert sind. Oder du legst eine kleine Pause beim Skaten ein und nutzt die Auszeit, damit deine Freunde das aktuelle Bio- oder Chemie-Kapitel überprüfen können. So hast du schon wieder eine Menge Zeit gespart, in der du nicht einsam zu Hause büffeln musst.
Besonders gut klappt das, wenn ihr euch gegenseitig abfragt. Ein zusätzlicher Ansporn für deine grauen Zellen, sich alles möglichst schnell zu merken, ist, dass hinterher die Belohnung winkt: nämlich die Action mit den Freunden. Je schneller der Stoff sitzt, desto früher ist Fun angesagt.
Von dieser Lernmethode lassen sich garantiert auch deine Mutter oder dein Vater überzeugen, wenn du ihnen dein erworbenes Wissen regelmäßig präsentierst.

Lernen mit Spassfaktor

Eins ist klar: Ganz ohne zu pauken geht's nicht. Es hilft rein gar nichts, sich darüber zu grämen, weil es eh nicht zu ändern ist. Und vielleicht ist dir das auch schon aufgefallen: Mit ein bisschen Spaß an der Sache fällt dir die Büffelei gleich um einiges leichter. Mit den Aufgaben für dein Lieblingsfach bist du in null Komma nichts fertig, während du dich für den anderen Stoff ewig abquälst. Aber wie kann man das ändern und seinen inneren Schweinehund überwinden, der einen dauernd vom Schreibtisch weglocken will? Motivation heißt das Zauberwort.

Maulkorb für den inneren Schweinehund

Wer kennt ihn nicht, diesen inneren Schweinehund, der sich mal grässlich knurrend, mal lieb lächelnd vor dir aufbaut, um dich mit einem Sammelsurium an perfekten Ausreden vom Lernen abzuhalten. Seine Fantasie kennt dabei keine Grenzen, um dir alles Mögliche schmackhaft zu machen, was garantiert nichts mit dem Lernstoff zu tun hat. Dabei umwirbt er dich mit dem Gedanken an deine Lieblingssoap, die gerade im Fernsehen läuft. Könntest du möglicherweise die Megawendung in der Story verpassen, nur weil dein Vokabelkarteikasten durchgearbeitet werden sollte? Oder er jault ganz furchtbar auf, um dich auf die Wichtigkeit eines privaten Fußballtrainings mit deinem Kumpel aufmerksam zu machen, damit du fit für das entscheidende Tor beim nächsten Punktspiel bist. Der innere Schweinehund schafft es sogar, dir einzureden, dass du sofort deiner Mutter beim Wäscheaufhängen helfen solltest, was deine Chancen für längeres Ausgehen am kommenden Wochenende erhöhen könnte.

Kurzum: Der innere Schweinehund ist ein echter Trickbetrüger, der hinter Gitter gehört. So schaltest du ihn beim Lernen aus:

Planspiele

Wann stehen Klassenarbeiten oder Tests an? Plane immer für einen Monat im Voraus und mach dir eine genaue Liste, an welchen Wochentagen du für welche Prüfung lernen willst. Trag deine Pauktermine in einen Kalender ein und notiere auch die Zeit, die du zum Büffeln benötigst. Außerdem vermerkst du deine Freizeittermine mit allem, was du auf keinen Fall versäumen willst. So kannst du deinen Tagesablauf nach der Schule perfekt nach Pflicht und Fun sortieren. Und: Es fällt leichter, sich zum Lernen zu überwinden, wenn man weiß, dass man zum Beispiel eine Stunde ranklotzen muss und dann schon wieder frei hat, um sich mit Freunden zu treffen.
Extratipp für perfektes Timing: Wer seine Spaß- und Pauktermine statt in einem kleinen Taschenkalender auf einem großen Poster-Timer über dem Schreibtisch aufhängt, ist bestens im Bilde – auch beim schnellen Telefonat mit den Freunden. So verlierst du nicht den Überblick und kannst deine Dates bestens in das Pflichtprogramm einbauen.

Realistisch sein

Check regelmäßig, ob du deine Lernziele auch erreicht hast, und lass dir genügend Spielraum, dein Timing in Notfällen zu verändern. Also ruhig mal eine Sonderschicht einplanen, wenn der Stoff noch nicht so gut sitzt. Gönn dir aber auch mal eine spontane Lernpause, weil dich deine Freundin oder dein Kumpel dringend um Hilfe bittet. Nur, wer nicht total verbissen büffelt, bringt sein auferlegtes Pensum motiviert statt frustriert hinter sich.

Belohnung muss sein

Bezieh deine Eltern in deine Lernplanung mit ein. Sie werden garantiert begeistert sein und sich deshalb schnell überreden lassen, dich mit dem einen oder anderen Extra für deine Anstrengungen zu belohnen. Damit das keine leeren Versprechungen bleiben, schließt du mit ihnen einen Vertrag ab: Hast du deinen Lernplan erfüllt, könnten sie dir beispielsweise eine Kinokarte schenken oder ihr unternehmt gemeinsam etwas und du darfst bestimmen, was.

Motivation ist alles

Logisch willst du das Klassenziel erreichen, um keinen Knick in die Schulkarriere einzubauen. Schließlich gibt es kaum einen Schüler, der mit Vorsatz und Freude sitzen bleibt und all das auf sich nimmt, was das Wiederholen einer Klasse mit sich bringt. Das reicht von einem weiteren Jahr auf der Schule, um den ersehnten Abschluss zu erreichen, bis zum Verlust seiner Freunde.

Das Problem: Oft sind es Eltern und Lehrer, die dir das Gegenteil unterstellen. Du bist zu faul, du interessierst dich nur für andere Dinge, du hast keinen Ehrgeiz – das sind wohl die häufigsten Vorwürfe, die sich Schüler von ihren »direkten Vorgesetzten« anhören müssen. Dass dabei die Motivation schnell auf der Strecke bleibt, sich für den Lernstoff richtig ins Zeug zu legen, ist kein Wunder.

Doch lass dich nur nicht entmutigen und vor allem: Zweifle nicht an dir selbst. Auch wenn du in der Schule nicht zu den Überfliegern gehörst, sondern dir den Stoff erarbeiten musst – mit der richtigen Motivation klappt es garantiert. Dazu verhelfen dir sieben »Zaubertricks«, mit denen du deine Ziele viel leichter erreichst.

TRICK 1: Think pink

Verbinde dein Vorhaben für gute Noten mit einem positiven Gefühl. Den richtigen Kick zum Lernen verschaffst du dir, wenn du dir die bewundernden Blicke deiner Familie vorstellst, weil du dich in Mathe von einer Vier auf eine Zwei verbessert hast oder weil sich der Lehrer beim nächsten Elternsprechtag lobend über deinen Einsatz im Unterricht ausgelassen hat. Spätestens wenn du spürst, wie deine Leistungen Anerkennung finden, wird das Pauken zum echten Selbstläufer. Weil Lob immer noch der beste Sprit für deinen Motivationsmotor ist.

Und: Sobald das Schlachtfeld Schule zu Hause kein Thema mehr ist, kannst du garantiert eine Vielzahl deiner Wünsche bei deinen Eltern durchbringen. Gerne belohnen sie dich für deinen Erfolg mit längeren Weggehzeiten am Wochenende, der heiß ersehnten neuen Jeans oder der Erlaubnis, in den nächsten Ferien an einem Sportcamp teilzunehmen.

TRICK 2: Neues Programm bitte!

Rede dir ein, dass dir Lernen Spaß macht, dass die Schule ein Paradies ist und gute Noten ein Kinderspiel sind. Auch wenn sich das für dich erst mal größenwahnsinnig anhört, programmierst du dein Unterbewusstsein und deinen Frust langsam in Lust um. Auch gut: Wenn du deine schlechten Gedanken an die Schule nicht ausschalten kannst, schreib sie auf ein Papier und zerreiße es anschließend. Das gilt in der Psychologie als reinigendes Ritual.

TRICK 3: Alles unter Hochdruck

Vielleicht gehörst du zu den Schülern, die erst eine Deadline benötigen, um wirklich konzentriert in die Bücher zu schauen. Mach aus der vermeintlichen Schwäche eine Stärke und setz dir selbst Termine, die du in deinem Kalender einträgst. Motivationstrainer sind sich einig, dass sogar diese frei erfundenen Termine für den nötigen Druck sorgen, damit du dich mit Power ans Pauken machst.

TRICK 4: Personal Training

In erster Linie müssen deine selbst gesteckten Ziele realistisch sein. Also nicht einfach drauflospauken, um innerhalb von ein paar Wochen den Bio-Vierer durch eine Bestnote zu ersetzen. Das klappt höchstwahrscheinlich nicht und verdirbt dir den Spaß, weil der erhoffte Erfolg ausbleibt. Hol dir deshalb Rat bei deinem Klassen- oder Fachlehrer. Mach sie zu deinen Personal Trainern und bespreche mit ihnen, welche Leistungen auf absehbare Zeit drin sind und was du dafür zu tun hast. Lehrer wissen am besten über deine Schwächen Bescheid und können dir hilfreiche Tipps zu den Stoffgebieten geben, in denen du Wiederholung nötig hast. Abgesehen davon machst du deine Lehrer alleine schon damit glücklich, dass du Interesse zeigst, deine Leistungen zu verbessern.

TRICK 5: Siegesfeier für dein Ego

Falls dir der Applaus deiner Eltern und Lehrer noch nicht sicher ist, weil deine Lernerfolge lediglich für dich sichtbar sind, darfst du dich ruhig feiern. Lob dich selbst und sei stolz darauf, dass du es beispielsweise eine Woche lang geschafft hast, deinen Lernplan durchzuziehen. Wer Aufgaben positiv beendet, wird beim nächsten Mal gleich mit viel mehr Lust an die Arbeit gehen.

TRICK 6: Teamwork

Wenn du Probleme damit hast, dich beim Lernen als Einzelkämpfer durchzusetzen, such dir Mitstreiter. Teamwork beim Büffeln ist nicht nur in der Schule Inhalt des Lehrplanes, sondern auch zu Hause ein geniales Mittel zur Motivation. Verabrede dich mit Klassenkameraden zum gemeinsamen Pauken. Dabei könnt ihr euch gegenseitig abfragen, Stoff wiederholen und vertiefen oder nicht Kapiertes aufarbeiten. Schließlich denken zwei oder drei Gehirne konzentrierter und oft effektiver, als wenn nur ein Kopf alleine vor sich hin raucht.

Ideal ist es, wenn du dich an ein oder zwei fixen Terminen in der Woche mit deinen Paukpartnern triffst. Dadurch sinken deine Chancen, dich mit fadenscheinigen Ausreden vor dem Lernen zu drücken.

Extratipp: Damit dein Teamwork auch wirklich funktioniert, solltest du vielleicht nicht unbedingt mit deinen besten Freunden zusammen pauken. Damit vermeidest du die Verlockung, dich über Gott und die Welt statt über den Lernstoff zu unterhalten. Oder aber ihr plant pro Büffelrunde zehn Minuten Pause zum Quatschen ein.

TRICK 7: Keine Chance für ein schlechtes Gewissen

Es gibt einfach solche Tage, an denen nichts klappen will und du es trotz bester Absichten einfach nicht schaffst, deine Aufgaben zu erledigen. Dann hilft nur noch, eine Auszeit zu nehmen, und zwar ohne gleich ein schlechtes Gewissen zu bekommen. Geh zum Sport, schwing dich auf dein Fahrrad oder triff dich mit einer Freundin auf ein Eis. Wer abschalten kann und sein Gehirn dabei am besten noch richtig durchlüftet, schafft es viel leichter, seine Ziele zu erreichen.

Schlaue Sprüche – oder: Sprüche für Schlaue

Die einzigen Grenzen für das, was ich morgen schaffen kann, sind meine Zweifel von heute.

Nicht gackern, Eier legen!

Kritik an anderen hat noch keinem die eigene Leistung erspart.

Ich bin Chef des Telefons, nicht sein Sklave.

TRICKS ZUM TRICKSEN

Um es gleich mal vorauszuschicken: Nur mit Mogeln und Tricksen kommt keiner durch die Schule. Und das ist ja auch nicht Sinn und Zweck der Sache. Aber warum soll man es sich unnötig schwer machen? Manchmal hilft es schon, zu wissen, dass man für Notfälle einen Spickzettel in der Tasche hat, um mit der richtigen Portion Selbstvertrauen beim Test anzutreten. Und am Schluss meistert man dann seine Aufgabe auch ohne unerlaubte Hilfsmittel. Für wen die Angst, erwischt zu werden, eine zusätzliche Nervenbelastung darstellt, sollte aufs Schummeln lieber ganz verzichten.

Erfolgreich tricksen – im Notfall erlaubt

Mit einem Spickzettel trickst du nicht nur deine Lehrer, sondern bestenfalls sogar dich selbst aus. Ganz einfach, weil du beim Schreiben deiner »Mogelpackung« automatisch die Stoffgebiete auswählst, die nicht hundertprozentig sitzen. Vorausgesetzt natürlich, du hast dich insgesamt gut vorbereitet. Schöner Effekt: So ganz nebenbei wiederholst du deine Schwachpunkte und brauchst den Spickzettel dann vermutlich gar nicht.

Übrigens: Lehrer wissen natürlich, dass Schüler Spickzettel benutzen. Stehst du in einem Fach nicht gerade ganz oben auf dem Siegertreppchen für die beste Leistung, wird der Pauker dich in der Prüfung vielleicht besonders auf dem Kieker haben. Das kann unangenehme Folgen haben. Im schlimmsten Fall droht dir eine Sechs. Nur gnädige Lehrer drücken ein Auge zu und nehmen dir lediglich den Spickzettel ab oder lassen dich die Arbeit nachschreiben. Deshalb gilt bei Spickzetteln: je ausgetrickster, desto besser und – bitte nur im äußersten Notfall verwenden. Und wer gar keinen braucht, ist natürlich fein raus.

Security first

Das Risiko ist nicht ohne: Ein Spickzettel kann dir ruck, zuck statt der richtigen Lösung eine Sechs wegen Schummelns bescheren. Um die Gefahr, erwischt zu werden, möglichst gering zu halten, sollte man schon etwas Geschick an den Tag legen, wenn man zu unerlaubten Mitteln greift.
Hier ein paar Tipps für risikoarmes Spicken:

Bestnote für den PC

Scanne eine Schokoladenverpackung ein und schreibe an der Stelle, an der eigentlich die Zutatenliste steht, einfach Wackelformeln oder knifflige Vokabeln auf. Papier ausdrucken, Schokolade darin einwickeln und während der Klassenarbeit einfach einen süßen Blick riskieren.

Klasse geschummelt

Wenn der Zusammenhalt in deiner Klasse prima funktioniert, verabrede mit deinen Mitschülern, dass sie sich abwechselnd melden, um mit dem Lehrer ein Problem, das angeblich bei der Arbeit aufgetreten ist, zu lösen. Dieses kleine Ablenkungsmanöver können die anderen ausnutzen, um auf ihre Spicker zu schauen.

Schlaue Schniefnasen

Das, was du dir partout nicht merken kannst, hat auch mit Bleistift geschrieben auf einem Taschentuch Platz. Bei Bedarf: Einfach auffalten und »schnäuzen«.

Echte Leuchten

UV-Stifte arbeiten mit ultraviolettem Licht. Das Geschriebene wird nur lesbar, wenn man es mit der im Stift eingebauten Leuchte anstrahlt. Damit bringst du deine Schummeleien für den Lehrer unsichtbar unter.

Etiketten-Schwindel

Plastikflasche mit Wasser füllen und den Spickzettel hinter das Etikett schieben. Das bringt schnellen Durchblick beim Trinken während der Klassenarbeit.

LERNEN IST TYPSACHE

Persönliche Stärken nutzen

Viele Wege führen nach Rom. Ähnliches gilt auch fürs Lernen: Es gibt unzählige Mittel, wie man sich Wissen aneignen kann. Aber nicht jede Methode ist für jeden geeignet. Wie man am effektivsten paukt, hängt davon ab, welcher Lerntyp man ist. In diesem Kapitel kannst du herausfinden, was für dich persönlich der Königsweg zum Lernerfolg ist.

Sehprofis und Sprach-experten

Einmal gesehen und nie wieder vergessen? Das ist typisch für Augenmenschen. Bei ihnen scheint es eine direkte Verbindung zwischen Augen und Gehirn zu geben. Andere können Dinge am besten behalten, die sie erzählt bekommen oder gelesen haben. Wissenschaftler haben herausgefunden, dass Jungs eher die Sehprofis und Mädchen eher die Sprachexperten sind. Ob du besser mit den Augen oder mit Hilfe von Worten lernst, ist allerdings nicht nur vom Geschlecht abhängig.

In der Liebe ist es schon lange bekannt: Jungs sind meist Augenmenschen, weshalb bei ihnen der erste optische Eindruck von einem Mädchen auf direktem Weg in ihr Herz führen kann. Mädchen hingegen reden in der Regel lieber erst mit ihrem Schwarm, um sich ein Bild von ihm zu machen. Schon bei Säuglingen im Alter von 14 Wochen haben die Psychologen Joseph E. Garai und Amram Scheinfeld in einer Untersuchung festgestellt, dass sich die männlichen Babys eher von optischen Reizen anregen lassen, während weibliche Babys auf akustische Signale stärker reagieren.

Auch im späteren Verlauf der Untersuchung kam heraus: Jungs sind besser in der Lage, schwierige Bildaufgaben zu lösen, bei Mädchen ist dafür das Gehör besser ausgebildet. Tatsächlich gibt es im Gehirn zwei in ihrer Funktion unabhängige Systeme zur Verarbeitung von Informationen. Das verbale System setzt Informationen in sprachliche Form um, während das visuelle System mit einer gedanklichen Bilderwelt und räumlichen Vorstellungen arbeitet.
Diese Stärken kann man auch beim Lernen sinnvoll einsetzen. Dennoch ist die Unterscheidung nach visuellen und verbalen Lerntypen nicht nur davon abhängig, ob du ein Mädchen oder ein Junge bist. Um auf Nummer sicher zu gehen, kannst du mit dem Quicktest auf den nächsten Seiten abchecken, was für dich gilt.

Augen oder Ohren auf?

Kreuze bei jeder Frage die Antwortmöglichkeit an, die auf dich am ehesten zutrifft.

1 Stell dir vor, du bist in einer fremden Stadt und musst eine bestimmte Adresse finden. Wie gehst du vor?

A Ich kaufe mir einen Stadtplan.

B Ich lasse mir den Weg von einem Ortskundigen erklären.

C Ich habe mir vorher eine Wegbeschreibung aus dem Internet ausgedruckt.

2 Du bist nicht sicher, ob man Portmonee mit Doppel-e oder Doppel-n schreibt. Was tust du?

A Ich sehe im Duden nach.

B Ich spreche das Wort ein paarmal hintereinander aus.

C Ich schreibe das Wort in beiden Schreibungen auf ein Blatt Papier und gucke, wie es besser aussieht.

3 Du hast mit deinen Eltern die nächste Ferienreise gebucht. Wie erzählst du deinen Freunden davon?

A In einer Mail an alle schildere ich genau, was wir vorhaben.

B Zum nächsten Cliquentreff nehme ich den Reisekatalog oder einen Atlas mit und zeige, wo es hingeht.

C Ich rufe alle an und erzähle, was wir vorhaben.

4 Du kriegst endlich einen eigenen PC für dein Zimmer. Welche Eigenschaften sind dabei für dich wichtig?

A Flatscreen und kleines Gehäuse, damit der PC möglichst cool aussieht.

B Betriebssystem, Speichergröße, Grafikkarte.

C Die Empfehlung von einem Freund oder einer Freundin.

Auswertung

Zähle die Punkte für deine Antworten zusammen und lies unter der errechneten Punktzahl nach, welcher Lerntyp du bist.

	A	B	C
1	1	3	5
2	5	3	1
3	5	1	3
4	1	5	3

4 bis 9 Punkte

Du bist durch und durch optisch geprägt. Für deinen Lernstil bedeutet das, dass du am besten pauken kannst, wenn Schaubilder, Diagramme oder Fotos die notwendigen Informationen liefern. Das gilt auch für das Verständnis von komplizierten Texten. Deren Inhalt kapierst du am besten, wenn du dir eine Mind-Map anlegst.

Das funktioniert ganz einfach: Nimm ein leeres Blatt und zeichne in die Mitte ein Kästchen, in das du den Hauptaspekt des Textes einträgst. Von da aus führt der Weg in dein Hirn über weitere Kästchen, die du mit deinem Hauptaspekt über Linien verbindest und in die du jeweils die wichtigen Unterpunkte einträgst.

Zeichne deine Mind-Map so lange weiter, bis du alle Details erfasst hast. – Als visueller Typ verstehst du das Prinzip wahrscheinlich am besten mit Hilfe der Grafik auf Seite 36.

10 bis 14 Punkte

Im Unterricht richtig zuhören ist die wesentliche Voraussetzung für dich, wie du den Lernstoff am schnellsten kapierst. Perfekt, wenn sich eine Diskussion an den Lernstoff anschließt, denn dann bist du voll in deinem Element. Natürlich kannst du dir auch zu Hause dein sprachliches Talent zunutze machen. Häufig reicht es dir dabei schon, das Gelernte in deinen eigenen Worten aufzuschreiben. Liest du dir alles noch einmal laut vor oder nimmst es sogar auf eine Kassette auf, um das Band später noch einmal abzuhören, sitzt der Stoff perfekt.

15 bis 20 Punkte

Du vereinst optische und akustische Talente gleichermaßen in dir. Ideal für deinen Lernstil ist deshalb auch die Verbindung von visuellen und verbalen Reizen, um den Lernstoff wie Beton in deiner Denkzentrale zu verankern. Das kannst du den Schulfächern entsprechend machen: Während es dir in Erdkunde oder Geschichte reicht, Schaubilder und Diagramme in dein Lernpensum einzubauen, nutzt du deine sprachlichen Stärken in Englisch, Französisch oder Latein, indem du dir beispielsweise neue Vokabeln allein durch lautes Vorsagen einprägst.

Mind-Mapping

Lernprofis setzen auf Mind-Maps. Das ist clever, weil du beim Zeichnen einer Mind-Map beide Gehirnhälften aktivierst, indem du einerseits visualisierst und andererseits mit sprachlichen Elementen deinen logischen Sachverstand forderst.

So funktioniert's:
Thema in die Mitte eines DIN-A4-Blattes schreiben und mit Textmarker farbig hervorheben.
Rechts und links vom Thema dicke Striche zeichnen und die Äste mit den Schlüsselwörtern des Themas versehen.
Schlüsselwort-Äste weiter mit den jeweiligen Begriffen, die zu den Schlüsselbegriffen gehören, verzweigen.

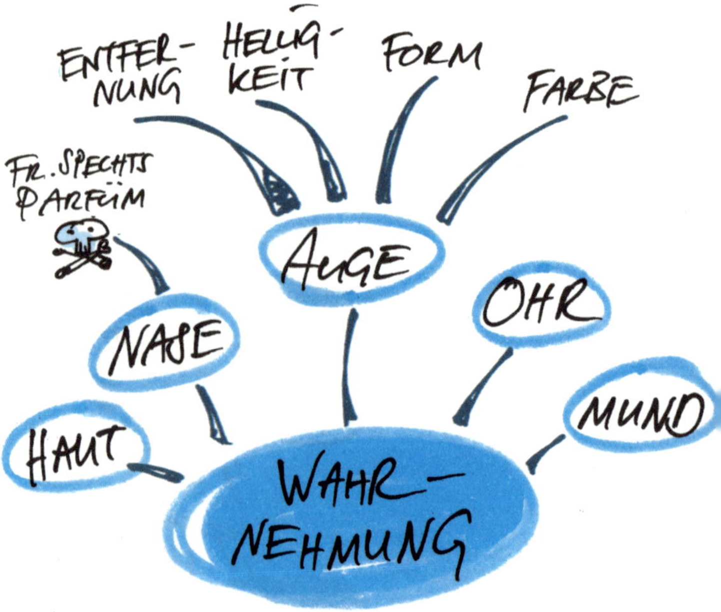

Mach mehr aus deinem Typ

Doch damit nicht genug. Neben der Grobunterscheidung zwischen Augenmenschen und Sprachprofis haben Wissenschaftler weitere acht verschiedene Lerntypen ausgemacht und sie mit zum Teil komplizierten Namen versehen.
Hier kannst du checken, was dir beim Pauken noch alles weiterhilft.

Acht Neunmalkluge

Aktive Lerntypen verstehen und behalten Informationen besser, wenn sie den Unterrichtsstoff im Rahmen einer Diskussion direkt, also aktiv, anwenden können.
Tipp: Arbeitsgruppen sind deine Welt. Hier findest du Gelegenheit, den Stoff durchzuarbeiten, indem du ihn mit deinen eigenen Worten formulierst.

Reflektive Lerntypen kommen super als Einzelkämpfer zurecht. Wichtig ist für sie, die Informationen erst zu überdenken (reflektieren = überdenken), bevor sie ihr Wissen im Unterricht einsetzen.
Tipp: In deinem Lernprogramm solltest du täglich zehn Minuten dafür reservieren, um die Mitschriften aus dem Unterricht genau durchzulesen. Danach kannst du bestens gerüstet zum aktiven Teil deiner Hausaufgaben übergehen.

Sensorische Lerntypen sind auf Fakten programmiert und begreifen alles, was einen Bezug zur realen Welt hat, am besten.
Tipp: Stell Zusammenhänge zwischen dem Unterrichtsstoff und dem täglichen Leben her. So kannst du deine Matheformeln beispielsweise dazu benutzen, um für deine Familie einen Haushaltsplan zu entwerfen.

Intuitive Lerntypen haben mit Formeln und Abstraktionen null Probleme (Intuition = unmittelbare Anschauung). Dafür liegen ihnen Wiederholungen überhaupt nicht, weil sie immer auf der Suche nach etwas Neuem sind.
Tipp: Weil Schule leider nicht frei von Wiederholungen des Lernstoffs ist, teile dein Lernpensum in zwei Bereiche auf. Immer wenn du etwas erfolgreich wiederholt hast, belohnst du dich mit einem Blick auf die Seiten in deinen Büchern mit neuen Informationen.

Visuelle Lerntypen brauchen die optische Stimulation des Merkzentrums im Gehirn über Bilder, Filme, Tabellen oder Diagramme.
Tipp: Entwirf zu deinen Mitschriften eigene Schaubilder, in die du den Lernstoff einträgst. Auch gut: Dokumentationen auf Video zum Ansehen des Lernstoffs.

Verbale Lerntypen erinnern sich am besten, wenn sie hören oder lesen, was sie wissen müssen.
Tipp: Mitschriften aus dem Unterricht auf eine Kassette sprechen und später anhören.

Sequenzielle Lerntypen verstehen komplexe Sachgebiete, wenn sie in Form von logisch aufeinander aufbauenden Schritten (sequenziell = der Reihe nach) präsentiert werden.
Tipp: Sortiere deine Mitschriften und bringe sie in eine lineare Form, indem du den Stoff Schritt für Schritt untereinander aufschreibst.

Globale Lerntypen saugen Unterrichtsstoff wie ein Schwamm auf, ohne zunächst die Verbindungen zu sehen.
Tipp: Finde Überschriften zu den jeweiligen Stoffgebieten, um den Gesamtzusammenhang herzustellen. Umfangreiche Textblöcke oder neue Aufgabengebiete bearbeitest du am besten, indem du sie zunächst querliest, um dir einen Überblick zu verschaffen.

Problemfälle meistern

Natürlich fallen verbalen Lerntypen Fremdsprachen leichter, während der visuelle Lerntyp besseren Zugang zu Schaubildern und Diagrammen in Erdkunde oder Chemie hat. Aber Typ hin, Typ her, manchmal musst du einfach in den sauren Apfel beißen und Dinge pauken, die eigentlich nicht deinem »Typ« entsprechen. Zum Beispiel Vokabeln, Grammatik, Formeln, Geschichtsdaten – in der Schule gibt es jede Menge festgesetzter Elemente, um die man sich nicht herummogeln kann.

Manchmal geht es beim Lernen gar nicht darum, dass du Inhalte oder komplizierte Zusammenhänge verstehen musst, sondern du hast es mit Dingen zu tun, die einfach so sind, wie sie sind. Man muss sie im Kopf haben wie das Alphabet oder das Einmaleins. Und das ist meist auch superwichtig, weil sie das Grundgerüst für das gesamte Fach oder Themengebiet bilden.

Querdenken hilft!

Am schnellsten kannst du dir grundlegende Begriffe, Zahlen und Formeln einbläuen und dann möglichst lange merken, wenn du dich dabei mehrerer Eingangskanäle im Gehirn bedienst. Zu einem Begriff gehören also immer auch Bilder, Gefühle und auch Gerüche.

Gedächtniskünstler haben dabei drei Tricks entwickelt.

1. An die Kette gelegt

Mit einer Bilderkette zimmerst du dir selbst ein Lernraster, an dem du dich in Prüfungen ganz leicht entlanghangeln kannst. Weil du beispielsweise Geschichtsdaten, physikalische oder mathematische Konstanten mit einer Zahlenreihe versiehst, zu der du dir eine bildhafte Vorstellung aufbaust.

So funktioniert's:

Ordne den Zahlen eins bis zehn oder eins bis zwanzig ganz bestimmte Bilder zu. Die Eins könnte dabei eine brennende Kerze sein, die Acht vielleicht eine Sanduhr oder die Zehn ein Tennisspieler, der einen Ball schlägt. Wichtig: Die Begriffe, die du deinen Zahlen zuordnest, bleiben für die Zukunft immer gleich. Die Zahlen-Bilder-Kombination kannst du dir am besten merken, wenn du damit ein entsprechendes Gefühl verbindest:

1 = **KERZE**
= verbrannter Finger

2 = **SCHWAN**
= weiches Gefieder

3 = **BERGE**
= knirschender Schnee

4 = **SEGELSCHIFF**
= feuchte Gischt

5 = **SCHAUKELSTUHL**
= wohliges Gefühl beim Hin- und Herschaukeln

6 = **EINKAUFSTASCHE**
= Duft frischer Brötchen

7 = **BUMERANG**
= Luftzug des fliegenden Bumerangs

8 = **SANDUHR**
= weiches Rieseln des Sandes

9 = **LOLLI**
= süßer Geschmack des Lollis

10 = **TENNISSPIELER**
= Schwitzen auf dem Tennisplatz

Hast du dir deine persönliche Bilderkette einmal zugelegt, musst du die Zahlen und die damit verbundenen Bilder und Gefühle nur noch mit dem Begriff, den du dir merken willst, verbinden. Das könnte in Form einer kleinen Geschichte erfolgen. Tipp: Je abstrakter und abenteuerlicher die Geschichte rund um deinen Begriff ist, desto besser behältst du sie im Gedächtnis. Ganz einfach weil das Ungewöhnliche schneller im Gehirn haften bleibt als das Normale.

Beispiel:

Du willst dir merken, dass 1789 die Französische Revolution stattgefunden hat. Dazu könntest du dir folgende Story ausdenken: Die Kerze, an der du dir gerade den Finger verbrannt hast, wurde vom Luftzug eines fliegenden Bumerangs ausgelöscht, sodass du nichts mehr siehst. Du hörst nur noch das Rieseln des Sandes in der Sanduhr und schmeckst den süßen Geschmack des Lollis auf deiner Zunge.

2. Wie die alten Römer

Schick deinen Lernstoff auf einen Spaziergang. Diesen Gedächtnistrick haben bereits die Senatoren im alten Rom erfolgreich angewendet. Sie durften bei ihren Reden nämlich keinerlei Notizen verwenden. Um dennoch alle Informationen und Argumente in die richtige Reihenfolge zu packen, soll einer dieser Redner durch Rom gewandert sein, wobei er stichwortartig den Inhalt seiner Rede an Toren, Säulen oder Brunnen festgemacht hat. Als er die Rede halten musste, ist er im Geist den Weg noch einmal abgegangen und konnte sich somit an alles Wichtige erinnern. Das kannst du dir beim Aufbau von Aufsätzen, Vokabeln, Formeln oder Fachbegriffen zunutze machen.

So funktioniert's:

Schreib den Lernstoff stichwortartig auf kleine Klebezettel. Diese verteilst du in deinem Zimmer an bestimmten Möbelstücken. Sobald du dich erinnern musst, hilft dir der Gedanke an das entsprechende Möbelstück schnell auf die Sprünge.

3. Wie im Märchen

Ideal zum Pauken von Fachbegriffen oder Eigennamen eignet sich das Erfinden von kleinen Geschichten drum herum. Deine eigene Lernstoff-Story versiehst du in Gedanken noch mit möglichst witzigen Bildern und schon hast du Spaß beim Pauken, weil alles gleich viel leichter hängen bleibt.

So funktioniert's:
Schreibe die Begriffe, die du lernen sollst, auf ein Blatt Papier. Bau eine Geschichte rund um die Begriffe auf, beispielsweise wie im Märchen, indem du immer mit dem Satz »Es war einmal ...« anfängst.

Beispiel:
Das könnte sich beim Bio-Thema Genetik so anhören: Es war einmal ein rezessives Gen mit Namen Rezessiva, das immer traurig war, weil es nie auf dem Siegertreppchen stehen durfte. Seine größte Widersacherin, Dominanzia, gehörte dem Namen nach zu den dominanten Genen. Und das spielte sie im Wettstreit um die Haar- oder Augenfarbe immer aus. Dominanzia ging es nur um das Eine: Sie wollte gewinnen. Mit einer solchen kleinen Story, die du beliebig weiterführen kannst, kapierst du gleichzeitig, worum es bei deinem Thema im Wesentlichen geht. Und es gilt auch hier: Je verrückter die Geschichte, desto besser kannst du dir den Inhalt merken.

Lernen leicht gemacht

Unabhängig davon, welcher Lerntyp du bist, gibt es eine ganze Menge Möglichkeiten, zu büffeln, ohne dass du es merkst. »Unsichtbar« lernen funktioniert ohne großen Aufwand und bringt dazu eine Extraportion Spaß in dein Paukpensum. Und das Beste: Du bekommst mit dieser Methode auch locker Dinge in dein Hirn, die da mit sturer Paukerei einfach nicht hinwollten. Wie? – Hier sind die besten Tipps:

1. Vokabeln vom Experten

Du stresst dich mit Englisch oder Französisch ab? Das muss nicht sein. So ganz nebenbei kriegst du die Fremdsprache in den Griff, wenn du dir einen Brieffreund oder eine Brieffreundin aus deinem Sprachproblemland suchst. Im netten Austausch ganz klassisch über Briefe oder noch besser per E-Mail kommst du den Kniffen von Grammatik und Wortwahl noch schneller auf die Schliche, als du es dir erträumt hast. Das schlägt sich bestimmt in der nächsten mündlichen Note oder im Aufsatz nieder. Vielleicht entwickelt sich aus diesem »Zweckbündnis« sogar eine richtig tolle Freundschaft und du kannst bei einem Besuch bei deinem Briefpartner vor Ort deine Sprachkenntnisse auf Hochglanz bringen.

2. Für Fashion-Victims

Das wird kluge Mädchen freuen: Die hippsten Modezeitschriften erscheinen natürlich auch in England, Frankreich, Spanien oder Italien. In gut sortierten Zeitschriftenläden oder am Bahnhofskiosk findest du eine riesige Auswahl an ausländischen Mode- und Lifestyle-Magazinen, mit denen du nicht nur deine Trendnase unter Beweis stellst, sondern ganz nebenbei auch noch eine Menge Spracherfahrung sammelst. Übrigens: Auch Jungs können mit Zeitschriften Vokabeln büffeln. Egal ob Motorrad-, Auto- oder Computerthemen – all das gibt's natürlich auch in ausländischen Zeitschriftenausgaben.

3. Ferienspaß

In deiner Familie steht die Urlaubsplanung an? Wie wäre es mit einem City-Trip nach London, Paris, Mailand oder Madrid? Deine Eltern werden es bestimmt toll finden, wenn du ihnen anbietest, den Reiseführer in der Hauptstadt deines »Sprachlandes« zu spielen. Im Vorfeld kannst du die Reise planen und schon einmal im Internet die besten Sehenswürdigkeiten auswählen – natürlich auf Seiten in der Sprache des ausgewählten Landes. Und klar kommt es super, wenn du im Restaurant das Essen für alle in der Landessprache bestellen oder Einheimische ganz locker nach dem Weg fragen kannst.

STRESS-FAKTOR LEHRER

So sammelst du Bonuspunkte

Eigentlich fändest du die Schule halb so schlimm, gäbe es da nicht diesen fiesen Typen vorne an der Tafel, der sich immer hämisch die Hände reibt, wenn er dich blank erwischt hat. Er hätte das Zeug zum Folterknecht, aber sein Beruf ist Lehrer. Wie gut, dass nicht jeder Pauker von diesem Kaliber ist! Doch du musst auch mit den unangenehmen Exemplaren zurechtkommen. Wie du das schaffen kannst, steht in diesem Kapitel.

SCHMUSEKURS OHNE SCHLEIMSPUR

Oft sind es nicht der vollgepackte Stundenplan und das stressige Lernpensum, die einem den Spaß an der Schule vermiesen können. Vielleicht gehörst du ja sogar zu den Schülern, die keine Probleme beim Pauken haben. Wenn da nur nicht diese fiesen Lehrer wären! Sie können viel dazu beitragen, dass es in der Schule nicht so rund läuft, wie du es dir wünschen würdest. Doch statt dich ständig mit diesen besonderen Experten aus dem Reich der Pädagogik anzulegen und ihnen mit offen zur Schau getragener Langeweile die kalte Schulter zu zeigen, ist es manchmal besser, auf »Schmusekurs« zu gehen.

Schließlich gilt der Spruch »Wie man in den Wald hineinruft, kommt es auch wieder heraus« auch bei Lehrern. Es kann also nichts schaden, ein paar Bonuspunkte auf ihrer Beliebtheitsskala zu sammeln. Und: Jemanden, der die Augen verdreht, wenn du was sagst, oder demonstrativ gähnt, würdest du ja auch nicht gerade mit ausgesuchter Höflichkeit behandeln, oder? Lehrern geht es da nicht anders. Wenn du jedoch bei deinem Lehrer einigermaßen beliebt bist, hast du es sicher in der Schule um einiges leichter und kannst in der Regel eine ruhige Kugel schieben.

Doch dabei ist natürlich auch wichtig, vor den Mitschülern nicht das Gesicht zu verlieren und nicht plötzlich als Schleimer oder Klassenstreber dazustehen. Mit schlauen Strategien kannst du bei den »Normalo-Nervern« unter den Lehrern fast unsichtbar Extrapunkte sammeln, die dich vor einer schlechten Note bewahren – selbst wenn du dir kein Bein beim Pauken ausreißt. Bau einfach dein Sympathie-Budget aus. Aber das heißt noch lange nicht, dass du dir jede Ungerechtigkeit gefallen lassen und sie widerstandslos hinnehmen musst! Hat es ein Lehrer ganz besonders auf dich abgesehen und »beglückt« dich regelmäßig mit seinen Gemeinheiten, kannst du natürlich etwas dagegen tun. Allerdings ist dabei Fingerspitzengefühl angesagt!

Schritt für Schritt zum Lieblingsschüler

Bitte recht freundlich!

Ein kleines Lächeln oder ein netter Gruß katapultiert dich bei deinem Lehrer in freundlichere Bewusstseinssphären. Weil er sicher ist, dass du die Grundformen der Höflichkeit beherrschst, wird auch er dir gegenüber seine gute Kinderstube hervorkehren. Und hat sich dieser positive Eindruck bei deinem Lehrer festgesetzt, bleibt er auch bestehen, selbst wenn du dich im Unterricht aus lauter Langeweile mal danebenbenehmen solltest. Das wird dir dein Lehrer dann eher nachsehen, wenn er weiß, dass du eigentlich ein freundlicher, gut erzogener Schüler bist.

Floskel-Akrobaten

»Schönes Wetter heute« oder »Echt sportlich, dass Sie immer mit dem Fahrrad kommen« – kleine Floskeln versüßen deinem Lehrer den Schulalltag, der schließlich auch für ihn oft anstrengend ist. Wer sich interessiert an solchen vermeintlichen Banalitäten zeigt, vermittelt den Eindruck, kein Null-Bock-Schüler zu sein. Vorsicht: Klar, der Übergang ist fließend und manch einer könnte deine kleinen Schönwetter-Aktionen als Schleimerei auffassen. Aber du musst sie ja nicht gerade vor den Augen deiner Klassenkameraden ablassen. Manchmal allerdings hat so ein Spruch noch einen nützlichen Nebeneffekt für deine Mitschüler, wenn du ihn vor versammelter Mannschaft bringst:

Du kannst den Lehrer mit einer Freundlichkeit ablenken, sodass sich deine Mitschüler hinter seinem Rücken schnell noch auf den aktuellen Wissensstand bringen können, bevor es ans Abfragen geht.

Kleine Aufmerksamkeiten

Die Landkarte aus dem Vorbereitungsraum holen, Beamer oder Tageslichtprojektor aufbauen, Tafel wischen – an einem Schultag gibt es jede Menge Dinge, die du locker übernehmen kannst und mit denen du deine Hilfsbereitschaft zeigst. Lehrer nennen das »soziale Kompetenz«. Für dich bedeutet das nur einen kleinen Aufwand, der dir sogar eine Mini-Auszeit während des Unterrichts beschert – und das ist übrigens auch die perfekte Begründung für dein Handeln, wenn Mitschüler dein Verhalten vielleicht streberhaft finden.

Finger hoch!

Du hast deine Hausaufgaben besonders ordentlich gemacht? Dann also nichts wie hoch mit dem Finger und freiwillig zum Vortragen melden. Deine Mitschüler werden es dir danken, weil sie selber aus dem Schneider sind. Für dich gibt's natürlich Extrabonuspunkte und garantiert eine gute Note. Interesse am Unterricht und die Bereitschaft, freiwillig Leistungen zu übernehmen, werden von Lehrern immer besonders wohlwollend aufgenommen. Und: Meldest du dich ein paarmal hintereinander, genießt du vermutlich für eine lange Zeit »Artenschutz«, weil dein Lehrer sicher ist, dass du ohnehin alles zu seiner vollsten Zufriedenheit erledigst.

AG = aber gerne

Nutz das Angebot deiner Schule zu verschiedenen Arbeitsgemeinschaften. Die Teilnahme daran ist natürlich freiwillig. Dennoch stehst du so nicht nur beispielsweise bei der Theater-AG im Rampenlicht, sondern auch bei deinen Lehrern, die dich als interessiert und engagiert wahrnehmen werden. Ganz nebenbei hast du bestimmt eine Menge Spaß beim schulischen Freizeitangebot, weil da auch neue Freundschaften für dich drin sein können.

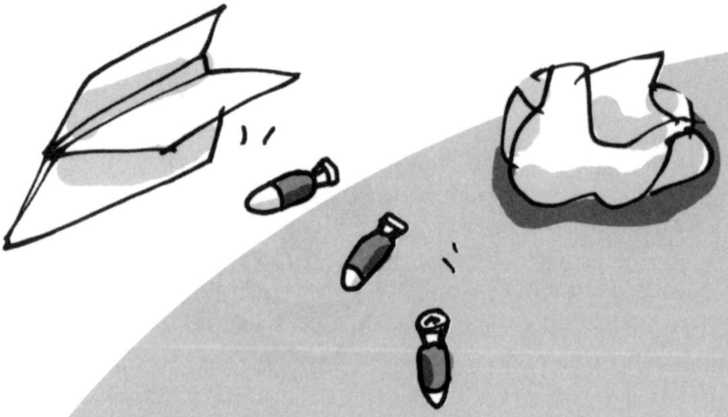

Zehn Dinge, die du von deinem Lehrer nie wieder hören willst

Es gibt Sprüche von Lehrern, die einfach total daneben sind und auf die Schüler ehrlich verzichten können. Hier ist die Top Ten der ausgewählten Gemeinheiten:

1. Weil du eine Klassenarbeit verhauen hast: »Warum hast du nicht gleich ein leeres Blatt abgegeben?«

2. Weil du dich vom Sport befreien lässt: »Na, schon wieder deine Tage?«

3. Weil du beim Aufrufen rot wirst: »Deiner Gesichtsfarbe nach wirst du wohl keine Leistung im grünen Bereich abgeben.«

4. Weil du auf die Toilette musst: »Ich habe den Eindruck, dass du deine Gehirnflüssigkeit da gleich mit abgibst.«

5 Weil du etwas nicht verstehst: »Du hast deinen Kopf auch nur auf, damit es nicht in den Hals reinregnet.«

6 Weil Chaos in der Klasse herrscht: »Bin ich hier im Heim für Schwererziehbare?«

7 Weil die letzte Stunde entfällt: »Da habt ihr ja Zeit für ein paar Zusatzhausaufgaben.«

8 Weil ein unangekündigter Vokabeltest ansteht: »Ich wollte nur mal sehen, was ihr alles nicht könnt.«

9 Weil dein Zeugnis nicht berauschend ist: »Hätte ich deine Noten gewürfelt, wäre bestimmt ein besserer Schnitt rausgekommen.«

10 Weil der Lehrer die Hausaufgaben überprüfen will: »Sitzt du bequem? Dann steh jetzt auf und komm an die Tafel!«

Wenn der Lehrer dich auf dem Kieker hat

Das Gute gleich vorneweg: Allein ihre Berufsbezeichnung macht Lehrer nicht gleich zu schlechten Menschen. Es gibt eine ganze Menge Pädagogen, die diesen Namen auch wirklich verdient haben. Sie halten tollen Unterricht und sind in der Lage, auch superlangweilige Themen mit prallem Leben zu füllen. Sie hören zu, gehen auf ihre Schüler ein und haben auch Verständnis, wenn es mal nicht so klappt. Sie sind Ansprechpartner für deine Nöte und Sorgen und geben dir Tipps, wie du aus einem Lernloch wieder rausfindest. Sie sorgen außerdem für eine gute Klassengemeinschaft, weil sie immer wieder Ideen für spannende Wandertage oder praxisnahen Unterricht mit interessanten Ausflügen und Aktionen haben. Engagierte Lehrer gibt es in jeder Altersgruppe vom Referendar bis zum Oberstudiendirektor. Super, wenn du wenigstens ein paar von diesen Paradepaukern erwischst, denn das macht den Schulalltag um vieles freundlicher.

Doch leider gibt es auch Lehrer, bei denen die Vermutung naheliegt, dass sie das Fach Pädagogik während ihres Studiums geschwänzt haben. Sie machen in ihrem Unterricht keinerlei Hehl daraus, dass Schüler zu der Sorte Mensch gehören, die sie nicht besonders leiden können, und dass der Lehrerberuf in Wirklichkeit nicht ihr Traumjob ist. Leider musst du auch mit diesen Lehrertypen klarkommen, weil du sie nicht einfach abwählen kannst wie ein ungeliebtes Fach in der Ober- oder Kollegstufe. »Augen zu und durch!« gehört dabei zu den beliebtesten Ratschlägen, die man in solchen Fällen von seinen Eltern zu hören bekommt. Das mag in Ordnung gehen, wenn dich lediglich die Art des Unterrichts nervt. Kommen aber Gemeinheiten oder sogar Ungerechtigkeiten hinzu, gibt es kein Gesetz, das besagen würde, dass du dir das gefallen lassen musst. Schüler haben ein Recht darauf, fair behandelt und nicht beleidigt zu werden.

So setzt du dich erfolgreich zur Wehr ...

... wenn ein Lehrer ungerecht benotet

Egal ob mündliche Prüfung oder Klassenarbeit – wenn du mit deiner Note nicht einverstanden bist, meckre nicht gleich laut los. Besser: Analysiere zunächst die Gründe für die miese Beurteilung und schreibe dir in Stichpunkten auf, warum du das nicht akzeptieren kannst. Vereinbare möglichst schnell einen Termin mit deinem Lehrer, zu dem du notfalls auch deine Eltern als Unterstützung mitnehmen kannst. Teile dem Lehrer deine Argumente mit, die für eine bessere Benotung sprechen. Um deine Meinung zu untermauern, kannst du zum Vergleich eine besser bewertete Arbeit eines Klassenkameraden vorlegen, die deiner ähnlich ist. Kalkuliere aber ein, dass dein Lehrer seine Note nicht ohne Widerstand zurücknehmen wird. Sollte er dich absolut nicht davon überzeugen können, dass er gerecht gehandelt hat, oder aber wenn du das Gefühl hast, dass du bei ihm ständig schlechter abschneidest als die anderen bei gleicher Leistung, wende dich an den Vertrauenslehrer an eurer Schule. Gibt es Anhaltspunkte, die deinen Verdacht bestätigen, wird er veranlassen, dass deine Arbeiten von einem unabhängigen Lehrer nachkorrigiert werden. Geht es hingegen um eine mündliche Note, mit der du absolut nicht einverstanden bist, ist es natürlich schwierig, deine Leistung mit der eines Klassenkameraden direkt zu vergleichen. Schlage dem Lehrer in so einem Fall vor seine Befragung zu wiederholen. Natürlich zu einem Thema seiner Wahl.

... wenn ein Lehrer dich beleidigt

Klar kann es mal vorkommen, dass einem Lehrer verbal die Hand ausrutscht und er gemeine Dinge zu dir sagt oder dich vor der Klasse bloßstellt. Bist du absolut sicher, dass du mit deinem Verhalten keinen Anlass zu Beleidigungen gegeben hast, hilft auch hier das direkte Gespräch. Geh nach dem Unterricht zu dem betreffenden Lehrer und erkläre ihm, dass du dich durch seine Äußerungen verletzt gefühlt hast. Traust du dich nicht, such zunächst die Hilfe des Klassensprechers. Er kann dich zu dem Gespräch begleiten und deinen Eindruck bestätigen.

Hilft das nichts oder bist du regelmäßig Opfer seiner Gemeinheiten, ist auch hier der Vertrauenslehrer dein bester Ansprechpartner. Er kann vermittelnd einwirken, denn oft steckt nicht einmal böse Absicht hinter dem Verhalten des Lehrers.

Auch deine Eltern können etwas für dich tun, indem sie in der nächsten Sprechstunde das Thema auf den Tisch bringen. Meist sieht sich der Lehrer schon alleine durch ein solches Gespräch dazu veranlasst, sein Verhalten dir gegenüber genauer unter die Lupe zu nehmen, und wird sich das nächste Mal bestimmt zurückhalten.

... wenn ein Lehrer zu viele Hausaufgaben aufgibt

Logisch, jede Hausaufgabe scheint erst einmal eine zu viel zu sein. Bei genauerer Betrachtung gibt es jedoch tatsächlich Pauker, die ihre Schüler über die Maßen mit Arbeit für den Nachmittag eindecken. Dann ist dein Lernpensum schnell erschöpft und andere Fächer können auf der Strecke bleiben. Zunächst gilt aber: Checke, ob du dich als einziger Schüler in der Klasse überfordert fühlst oder ob es den meisten so geht wie dir. Ist das der Fall, solltet ihr für ein paar Tage mit der Stoppuhr ans Werk gehen und die Zeiten, die ihr für die Erledigung der Aufgaben benötigt, genau notieren. Mit diesem Stundenplan der besonderen Art konfrontiert ihr euren Lehrer. Mangelt es an Einsicht, sucht euch Verbündete, die ihr bestimmt ganz leicht in den Lehrern findet, deren Interessen durch den Aufgabenberg des Kollegen zu kurz kommen. Garantiert werden sie Kontakt zu dem arbeitswütigen Pauker aufnehmen und euch damit erfolgreich entlasten.

KEINE CHANCE FÜR SCHLECHTE NOTEN

Klasse, wenn du zu den meisten deiner Lehrer einen richtig guten Draht hast. Trotzdem gibt es sicher den einen oder anderen Pauker, mit dem du einfach nicht auf einer Wellenlänge liegst. Lehrern geht es mit Schülern übrigens genauso. Sie haben definitiv ihre Lieblingsschüler und andere wiederum stehen auf ihrer Sympathie-Skala nicht besonders weit oben. Die meisten Lehrer schaffen es glücklicherweise, ihre Abneigungen nicht gleich wie eine Mitteilung auf der Tafel offen zur Schau zu stellen. Es gibt allerdings auch sogenannte Pädagogen, die aus ihrer mangelnden Motivation für spannenden Unterricht keinen Hehl machen. Und einige Lehrer scheinen richtig Spaß daran zu haben, euch durch ständiges Abfragen richtig zu stressen.

Die Top Five der Lehrertypen

Lehrer ist nicht gleich Lehrer. Mit manchen läuft es von selbst prima, aber mit einigen Exemplaren hast du einfach keinen gemeinsamen Nenner und sie nerven dich, wo sie nur können. Damit du es trotzdem schaffst, dich nicht unterkriegen zu lassen, ist es wichtig, über die fünf anstrengendsten Lehrertypen Bescheid zu wissen. Denn nur wer sein Gegenüber richtig einschätzen kann und all seine Stärken und Schwächen kennt, weiß auch, wie er am besten mit ihm fertig wird.

DER MUSTER-SCHÜLER-TYP

Er ist der Liebling aller Streber, weil er nur den Schülern eine Chance gibt, die ihn fleißig umschleimen und ihm am besten noch die Tasche ins Klassenzimmer tragen. Dafür übersieht er auch gerne mal einen Durchhänger beim Lernen. Weniger Verständnis hat er hingegen für Schüler, die hinterfragen, wenn sie etwas nicht kapiert haben oder unlogisch finden. Das nervt ihn, weil es ihn aus seinem Unterrichtsrhythmus bringt und er vielleicht in der Stoffplanung umsortieren muss.

So kommst du trotzdem mit ihm klar:
Freundlichkeit ist bei ihm die beste Waffe, denn mit einem netten Lächeln setzt du ihn gleich schachmatt. Im Unterricht gilt die Devise: »Bloß nicht auffallen!« Am besten, du beschränkst dich darauf, nicht großartig nachzufragen, sondern exakte Mitschriften anzulegen. Offene Punkte klärst du später mit deinen Mitschülern.

DAS SENSIBELCHEN

Alles, was nicht planmäßig läuft, bringt ihn gleich von der Rolle. Geht es mal etwas lauter in der Klasse zu, reagiert er mit empfindlichen Strafen, unangekündigten Tests oder einer Extraportion Hausaufgaben. Alles nur deshalb, weil er eigentlich auf totale Harmonie steht und mit den Launen von Schülern nicht wirklich klarkommt. Er hat Angst, dass ihm die Ideen ausgehen, wie er seine Schüler mit interessanten Themen wieder zur Ruhe bringen kann.

So kommst du trotzdem mit ihm klar:
Halte dich zurück, wenn wieder einmal Chaos in der Klasse herrscht. Vielleicht gelingt es dir sogar, deine Mitschüler mit ein paar klaren Worten zurück auf den Boden der Tatsachen zu bringen. Wirft dir jemand streberhaftes Verhalten vor, kannst du erklären, dass du einfach keine Lust auf eine weitere Abfragerunde oder Zusatzaufgaben hattest. Gleichzeitig wird das Sensibelchen unter den Lehrertypen seine Antennen ganz weit ausfahren und positiv speichern, welcher Schüler ihm die Stange gehalten hat. Und: Wenn er nicht mit harten Strafen für Ruhe und Disziplin sorgen muss, kommt das der ganzen Klasse zugute.

DER FOLTERKNECHT

Sein Motto heißt: »Lernen, lernen, lernen!« Er knallt statt einem Guten-Morgen-Gruß lieber gleich die Fakten auf den Tisch, womit sich die Klasse zu beschäftigen hat. Sein Programm zieht er superstraff und streng durch und ist dabei weder von Vorschlägen der Schüler für eine andere Thematik oder einer Bitte um Wiederholung von seiner Linie abzubringen. Er lässt sich nicht einmal darauf ein, auf den einen oder anderen Punkt stärker einzugehen, weil seine Schüler dafür besonderes Interesse zeigen.

So kommst du trotzdem mit ihm klar:
Seine Hausaufgaben sollten auf deiner To-do-Liste immer ganz oben stehen und als Erstes angegangen werden. Weil er knallhart überprüft und ständig auf der Lauer liegt, einen Lernverweigerer zu stellen. Sobald er hingegen sicher ist, dass du dein Pensum zu seiner Zufriedenheit erledigst, wird er eine andere Fährte aufnehmen und dich für lange Zeit in Ruhe lassen. Trotzdem gilt bei ihm immer: Vorsicht ist die Mutter der Porzellankiste!

DER HINTERHÄLTIGE

Eigentlich macht er auf verständnisvoll und scheint Wert auf ein freundschaftliches Verhältnis zu seinen Schülern zu legen. Die wiederum gehen ihm schnell auf den Leim und allzu locker mit dem Lernpensum um. Das böse Erwachen folgt spätestens, wenn es zur Notenvergabe kommt. Denn dann ist Schluss mit seiner Lässigkeit und er greift knallhart durch.

So kommst du trotzdem mit ihm klar:
Absoluter Minimalismus in Sachen Lernen und Mitarbeit reicht auch bei ihm nicht aus. Im Klartext: Obwohl er immer so supergut drauf ist und scheinbar für alles Verständnis hat, ist er ein genauer Beobachter von Leistungen. Dabei legt er vor allem auf Konstanz Wert. Das heißt: Trotz seines Sinns für Spaß im Unterricht solltest du mindestens das Pflichtprogramm beim Pauken durchziehen, damit du keine Angriffsfläche bietest.

DER DISKRIMINIERER

Lehrer, die eine ganz bestimmte Schüler-Spezies klar bevorzugen, gibt es wohl an jeder Schule. Da ist der Mathematiker, der einfach glaubt, dass Mädchen sowieso nicht mit Zahlen umgehen können. Oder die Französisch-Lehrerin, die Jungs von vornherein jedes Sprachtalent abspricht. Eigentlich ein Fall für die Wahl eines Gleichstellungsbeauftragten bei der nächsten Schülersprecherversammlung, weil geschlechtsspezifisch nach Nieten und Musterschülern sortiert wird.

So kommst du trotzdem mit ihm klar:

Überzeugungsarbeit ist vor allem dann angesagt, wenn deine Leistungen seinen Vorurteilen nicht entsprechen. Das gelingt am besten im Unterricht mit deiner mündlichen Mitarbeit. Mit ein paar klaren Ansagen wirst du ihn schneller verblüffen als mit einer guten Leistung in der Klassenarbeit, die er vielleicht als »Ausrutscher« werten wird.

Spot an: Wie denken deine Lehrer über dich?

Freundlich und engagiert, faul und gelangweilt, Störer oder Klassenclown? – Welchen Eindruck du deinen Lehrern von dir vermittelst, kannst du mit diesem Fragebogen herausfinden:

1 Euer Lehrer will einen Test ansetzen, obwohl ihr an dem Tag bereits eine Klassenarbeit geschrieben habt. Wie reagierst du?

A Gar nicht. Ich hab schließlich gelernt und werde die Viertelstunde volle Konzentration auch noch hinter mich bringen.

B Ich kläre ihn über die Schülerrechte auf: Zwei Tests an einem Tag sind verboten.

C Ich fordere die Klasse zum Boykott auf.

2 Du entdeckst einen deiner Lehrer zufällig auf der anderen Straßenseite. Wie verhältst du dich?

A Ich winke ihm fröhlich zu.

B Je nachdem, wie gut ich ihn leiden kann, gehe ich in Deckung oder grüße freundlich.

C Ich tue so, als hätte ich ihn nicht bemerkt. In meiner Freizeit ist kein Platz für Lehrer.

3 Du stellst fest, dass die Hälfte der Klasse eine bestimmte Aufgabenstellung nicht kapiert hat. Fragst du nach?

A Logisch. Ist doch in meinem Interesse, den Stoff noch einmal zu wiederholen.

B Das überlass ich anderen. Ich muss ja nicht noch einen Hinweis darauf geben, dass ich es auch nicht kapiert habe.

C Nur, wenn sich wirklich kein anderer meldet.

4 Du hast deine Hausaufgaben vergessen. Wie bringst du es deinem Lehrer bei?

A Gar nicht. Ich hoffe einfach, dass er es nicht merkt. Wenn doch, muss ich eben in den sauren Apfel beißen und eine Strafe in Kauf nehmen.

B Ich entschuldige mich einfach für die nicht gemachten Aufgaben.

C Ich erfinde eine Ausrede wie den 85. Geburtstag meiner Oma.

5 Euer Lehrer teilt euch das freiwillige Kursangebot der Schule für den Nachmittag mit. Bist du dabei?

A Ich werde wohl eher laut aufstöhnen und erklären, dass ein Schüler bei einer 50-Stunden-Woche das nicht auch noch auf sich nehmen kann.

B Ich sage, dass ich das zu Hause mit meinen Eltern besprechen werde.

C Ich kann mich wahrscheinlich gar nicht entscheiden, weil ich das Angebot klasse finde.

Auswertung

Zähle die Punkte für deine Antworten zusammen und lies dann dein persönliches Testergebnis unter der errechneten Punktzahl nach.

	A	B	C
1	3	5	7
2	3	5	7
3	3	7	5
4	7	3	5
5	5	7	3

15 bis 22 Punkte

Um dein Image bei deinen Lehrern musst du dir keine Gedanken machen. Du kommst nett und höflich rüber und wirkst gleichzeitig interessiert am Unterricht. Dabei belohnen deine Lehrer auch deine ehrliche Art, wenn du mal was vergessen haben solltest. Pluspunkte gibt es selbst dann, wenn du als einziger Schüler nachfragst, ob der Stoff noch einmal wiederholt werden kann. Du hast einfach ein Händchen für Lehrer und schaffst es dabei, selbst bei schwierigen Fällen die Balance zwischen Widerstand und Engagement hinzubekommen. Glückwunsch, so kann dir in der Schule kaum ein Lehrer das Leben schwer machen.

23 bis 29 Punkte
Du spielst ab und zu gerne mal den Klassenclown. Mit einer witzigen Bemerkung oder einer haarsträubenden Entschuldigung trägst du zwar zur Unterhaltung deiner Mitschüler bei. Das Bild, das dein Lehrer von dir gewinnt, gerät allerdings in Schieflage, weil deine coolen oder flapsigen Bemerkungen besser in seinem Gedächtnis haften bleiben als deine Beiträge zur Lösung von Aufgabenstellungen. Das gilt auch für deine Klassenkameraden, die schnell von dir erwarten, dass du dafür sorgst, mögliche Ungerechtigkeiten anzuprangern. Ab und zu ein bisschen Widerstand geht natürlich völlig in Ordnung, wenn du gleichzeitig Interesse und Engagement für die Schule zeigst.

30 bis 35 Punkte
Okay, den besten Eindruck scheinst du bei deinen Lehrern nicht zu hinterlassen. Was sie als Faulheit und vielleicht auch manchmal Frechheit bezeichnen, hat garantiert andere Hintergründe. Vielleicht kommst du mit dem Stoff nicht hinterher, weil sich bereits ein paar Lernlücken aufgetan haben. Deshalb den Lehrern die kalte Schulter zu zeigen oder darauf zu hoffen, dass sie dich nicht erwischen, weil du etwas nicht erledigt hast, würde dich nur weiter in die Abgründe seiner schlechten Meinung von dir ziehen. Besser: Ruhig nachfragen, wenn du etwas nicht kapiert hast, und offen zugeben, dass und warum du deine Hausaufgaben nicht gemacht hast. Zusätzlich erreichst du mit ein wenig Freundlichkeit, dass dein Lehrer dich zumindest als motiviert und engagiert wahrnimmt.

PRIMA KLIMA

So macht Schule Spaß

Das Beste an der Schule sind eindeutig die Pausen, in denen man so richtig Spaß mit seinen Freunden haben kann. Doch leider gibt es nicht nur nette Mitschüler, manche entwickeln sogar ein echtes Biotop an Bösartigkeiten. Wie du dich gegen Gemeinheiten aller Art zur Wehr setzen kannst, wie du dir Freunde machst und wie die Schule von der reinen Lernfabrik ganz schnell zu einem Ort für Fun und Action werden kann, erfährst du auf den folgenden Seiten.

NEIN ZU MOBBING

Leider sind es oft die eigenen Mitschüler, die es einem nicht gerade leichter machen, morgens aus dem Bett zu kriechen, um einen neuen Schultag zu überstehen. Besonders erschreckend ist, dass die Zahl von Mobbing-Opfern an Schulen ständig steigt. Das hat vielerorts Schulpsychologen auf den Plan gerufen, die verschiedene Strategien entwickelt haben, wie sich Schüler wehren und den Feinden im Klassenzimmer den Wind aus den Segeln nehmen können. Nicht jede Feindseligkeit ist aber gleich als Mobbing zu bezeichnen.

Beim Mobben geht es um Schikanen mit System, bei denen anderen das Leben mehr als schwer gemacht wird. Generell gilt: Fühlst du dich tatsächlich als Opfer von Mobbing-Attacken, solltest du so schnell wie möglich deinen Vertrauenslehrer aufsuchen und auch deine Eltern einweihen. Vor allem solltest du keinesfalls aus Angst Gewalt oder Erpressungsversuche gegen dich hinnehmen. Auch gezieltes Schlechtmachen deiner Person vor den anderen Mitschülern kann Mobbing-Ausmaße annehmen. In jedem Fall solltest du professionelle Hilfe suchen. Falls deine Lehrer kein Verständnis haben, kannst du dich auch bei anderen Beratungsstellen informieren lassen. Telefonnummern und Adressen findest du im Kapitel »Das dicke Ende …«.

Mobbing

Der Begriff stammt aus dem Englischen und bedeutet »anpöbeln, fertigmachen« (mob = Pöbel, mobbish = pöbelhaft). Unter Mobbing verstehen Experten eine bestimmte Form von offener oder versteckter verbaler oder körperlicher Gewalt, die sich über einen längeren Zeitraum hin erstreckt. Das Ziel dabei ist die Ausgrenzung des Opfers aus einer sozialen Gemeinschaft wie der Klassengemeinschaft.

Das ist Mobbing

Für den Betroffenen ist es in jedem Fall heikel, mit Mobbing-Attacken umzugehen, schließlich haben die Bösartigkeiten nur ein Ziel: ihn fertigzumachen. Dazu gehören hinterhältige Lästereien, Verleumdungen, Demütigungen, Drohungen oder auch sexuelle Belästigungen. Schüler werden gezielt und über einen längeren Zeitraum gehänselt, beschimpft und ausgegrenzt, sie werden bei Lehrern angeschwärzt und auch am Telefon terrorisiert. Im schlimmsten Fall werden sie geschlagen oder gequält und Sachen werden zerstört. Wer gemobbt wird, leidet zunächst meist still vor sich hin, weil er die Schuld auch bei sich selbst sucht. Die Auswirkungen von Mobbing auf das Opfer sind extrem und führen vom Verlust des Selbstvertrauens bis hin zu Schlaf- und Konzentrationsstörungen, Appetitlosigkeit, Alpträumen und Bauchschmerzen. Betroffene Schüler ziehen sich zurück und wollen nicht mehr in die Schule gehen. Der Lernerfolg lässt nach. Wenn du das Gefühl hast, dass gegen dich eine Mobbing-Kampagne läuft, oder wenn du glaubst, dass einer deiner Mitschüler von Mobbing betroffen ist, kannst du handeln.

Wenn du selbst betroffen bist

... bereite dich vor:
Spiel Mobbing-Situationen im Geist oder in Gesprächen mit deinen besten Freunden durch. Dazu gehört auch, dir klar zu machen, welches persönliche Risiko du eingehen willst. Wird dir Gewalt angedroht oder wirst du tatsächlich angegriffen, ist es besser, sofort Hilfe zu holen, als gar nichts zu tun.

... bleib ruhig:
Zeigst du Angst und Panik, könntest du deine Widersacher noch mehr herausfordern. Schaffst du es hingegen, die Ruhe zu bewahren, wirkst du auch auf deine Gegner beruhigend.

... blick deinem Angreifer in die Augen:
Über den Blickkontakt hast du sozusagen einen Draht zu deinem Angreifer. Sprich laut und deutlich mit ihm, vermeide dabei aber, ihn zu beleidigen oder zu beschimpfen, um ihn nicht noch mehr zu reizen.

... hol dir Hilfe:
Gibt es Zuschauer, sprich sie gezielt an und bitte sie um Hilfe. Das funktioniert, wenn du beispielsweise sagst: »Sie in dem roten Mantel, bitte helfen Sie mir.« Sind es Mitschüler, die den Vorfall beobachten, solltest du sie namentlich ansprechen und um Unterstützung bitten.

... schreib ein Mobbing-Tagebuch:
Dokumentiere jede Hänselei oder Drohung und jeden Vorfall, der deinen Mobbing-Verdacht bestärkt, in einem Notizbuch. Beschreibe darin auch die Gefühle, die du in der jeweiligen Situation hattest. Anhand dieser Aufzeichnungen fällt es Vertrauenslehrern und auch deinen Eltern leichter, das Ausmaß des Mobbings zu erkennen und entsprechende Hilfe einzuleiten.

Wenn ein Mitschüler betroffen ist

... achte auf die Warnsignale:
Auch wenn du nicht direkt Zeuge von Angriffen oder Psychoterror geworden bist, kannst du an bestimmten Anzeichen erkennen, ob ein Mitschüler eventuell unter Mobbing zu leiden hat. Mobbing-Opfer fehlen zum Beispiel häufig in der Schule oder kommen zu spät aus Angst, auf dem Schulweg von den Mobbern abgepasst zu werden. Sie bleiben auch nach Unterrichtsende oder zur Pause länger in der Klasse als alle anderen.

... unterstütze die Täter nicht:
Vermeide Witze auf Kosten des Mobbing-Opfers auch dann, wenn es nicht zu deinen besten Freunden gehört. Mach jedem klar, dass du Mobbing nicht stillschweigend zulässt.

... werde aktiv:
Hast du das Gefühl, dass sich das Mobbing-Opfer zusehends isoliert und Angst hat, sich Hilfe zu holen, geh zu eurem Klassen- oder Vertrauenslehrer und sprich deinen Verdacht aus. Biete dem betroffenen Mitschüler selbst deine Unterstützung an.

... beziehe deine Klasse ein:
Schildere während des Unterrichts deinem Klassenlehrer deine Beobachtungen und rege eine Diskussion darüber an.

... wende dich an die SMV oder den Schülerrat:
Vielleicht könnt ihr einen Projekttag zum Thema Mobbing an der Schule organisieren. Das kann auch vorbeugend helfen, bevor es überhaupt zu einem konkreten Mobbing-Fall gekommen ist. Denn deinen Mitschülern könnte dadurch die Problematik erst einmal bewusst gemacht werden und sie für Vorfälle sensibilisieren, die in den Bereich des Mobbings fallen.

SCHLUSS MIT SCHLECHTER STIMMUNG!

Die Liste der Gemeinheiten von Schülern gegen Schüler ist lang und reicht vom Stören im Unterricht, obwohl die anderen lernen wollen, bis hin zu Gewalt und Diebstahl. Nicht jede Bösartigkeit, die dir oder deinen Mitschülern passiert, ist gleich Mobbing. Wer sich ständig rüpelhaft dir gegenüber verhält, könnte damit auch einfach nur beabsichtigen, deine Aufmerksamkeit zu erwecken. Das gilt besonders für das Verhältnis zwischen Mädchen und Jungs. Dennoch: Es gibt keinen Grund dafür, dir Gemeinheiten von Mitschülern gefallen zu lassen.

Vor allem Jungs neigen zu Beginn der Pubertät dazu, Mädchen, die ihnen gefallen, richtig blöd anzureden. Ganz einfach, weil sie selbst von ihren eigenen Gefühlen überrascht werden und noch nicht in der Lage sind, damit umzugehen. Auch wenn in diesem Fall der Spruch gilt »Was sich liebt, das neckt sich«, kann so ein ruppiges Benehmen ganz schön nerven. Aber auch Mädchen können einem mit ihrem Gezicke und Gelästere gewaltig auf den Geist gehen. Manchmal gibt es auch regelrechte Zickenkriege unter Schülerinnen. Hier spielt häufig Eifersucht eine große Rolle. Vielleicht will ein Mädchen ein anderes nur deshalb ausbooten, weil sie das Gefühl hat, sonst keine Chance für die Aufnahme in der Clique zu haben.

Mit ein wenig Fingerspitzengefühl und mit diesen Tipps und Tricks kannst du sämtliche negativen Vibrations aus dem Klassenzimmer verbannen.

Wenn ein Mitschüler ständig stört

Hast du jemanden in der Klasse, der es immer wieder schafft, für Chaos zu sorgen, ist irgendwann Schluss mit lustig. Vor allem wenn es darum geht, Stoff für die nächste Klassenarbeit zu wiederholen, oder ihr an einen Lehrer geratet, der die Sippenhaft aus dem Mittelalter bevorzugt und die ganze Klasse für das mit bestraft, was eigentlich auf das Konto eines Einzelnen geht.

Das hilft: Ein offenes Wort kann den Störer schnell auf den Boden der Tatsachen bringen. Weil er erkennt, dass er sich mit seinem Verhalten keine Freunde macht, obwohl das der wahrscheinlichste Grund für sein Handeln ist. Vielleicht ist der Störer ja zu wenig in die Klassengemeinschaft eingebunden, weshalb er versucht die Aufmerksamkeit der anderen zu erregen. Gut, wenn du Verbündete in der Klasse findest, die dich bei dem Gespräch unterstützen. Aber Vorsicht: Wollt ihr den Störer zur Rede stellen, solltet ihr nicht als eine große Gruppe auftreten, sondern ein oder zwei Sprecher vorschicken. Sonst fühlt sich der Betroffene allzu leicht bedroht und schaltet erst recht auf stur. Er würde sich dann noch mehr als Außenseiter vorkommen, dabei wäre es viel sinnvoller, wenn ihr versuchen würdet den Störer besser in die Klasse zu integrieren.

Wenn es eine Läster-Clique gibt

Lästereien gegenüber Mitschülern müssen nicht gleich Mobbing-Ausmaße annehmen, um einem gewaltig auf den Senkel zu gehen. Auch wenn die Tuscheleien hinter dem Rücken eines anderen nicht darauf abzielen, jemanden auf Dauer zu schikanieren und fertigzumachen, und auch wenn es keine weiteren Angriffe auf das Lästeropfer gibt, kann so etwas das Klassenklima ganz schön belasten.

Das hilft: Wird über dich selbst gelästert, rede mit den betreffenden Mitschülern. Mach ihnen klar, dass du mitbekommst, was läuft. Das allein genügt häufig schon, dass sich die meisten nicht mehr an den Lästereien beteiligen. Sprich auch den Tuschelanführer direkt auf sein Verhalten an. Frag, was er gegen dich hat. Dabei könnt ihr eventuelle Missverständnisse zwischen euch klären und ein gutes Miteinander erreichen.

Abgesehen davon: Hand aufs Herz! Bestimmt lästerst du selbst auch ab und an über jemanden, den du nicht besonders leiden kannst. Lästern ist manchmal ganz okay. Vor allem wenn es nur darum geht, seiner Wut über jemanden Luft zu machen. Immer gleich die direkte Konfrontation mit dem Quälgeist zu suchen wäre zwar die fairste Lösung, würde aber auch dazu führen, bestimmten Dingen zu großen Wert beizumessen.

Klar, wenn jemand Unwahrheiten über dich verbreitet und dich das wirklich ärgert, solltest du ein klärendes Gespräch suchen. Aber stört sich jemand an deiner neuen Frisur oder deinen Lieblingsschuhen, lohnt es sich nicht unbedingt, sich darüber aufzuregen. Werte es einfach als Kompliment, dass man dir so viel Bedeutung zuerkennt, sich über dich zu unterhalten.

Wenn in deiner Klasse geklaut wird

Ein Radiergummi, ein schöner Stift, ein Ring, ein paar Euro – wenn es immer häufiger vorkommt, dass dir etwas aus deiner Schultasche fehlt, liegt der Verdacht nahe, dass du die Dinge nicht einfach verloren hast, sondern es sich um Diebstahl handelt.

Das hilft: Sprich deine Befürchtungen offen in der Klasse an, ohne dabei Namen zu nennen. Möglicherweise ist auch deinen Mitschülern in der letzten Zeit mehrmals etwas abhanden gekommen. Der Dieb ist damit vorgewarnt, dass sein Verhalten aufgefallen ist. Hast du einen konkreten Verdacht, wer dich und deine Mitschüler beklaut, musst du das auch beweisen können, bevor du den mutmaßlichen Dieb bei deinem Klassenlehrer meldest. Vielleicht kannst du gemeinsam mit einem Freund oder einer Freundin eine Falle stellen und beispielsweise einen Ring auf deinem Pult liegen lassen. Beobachtet den »Verdächtigen« und stellt ihn sofort zur Rede, falls er tatsächlich zugreift. Allerdings solltet ihr vermeiden, ihn öffentlich an den Pranger zu stellen. Bleibt bei eurer Detektivarbeit lieber ganz diskret und versucht auch herauszufinden, warum euer Mitschüler »lange Finger« bekommen hat. Vielleicht will er damit nur Aufmerksamkeit auf sich ziehen. Oder aber es gibt bei ihm zu Hause finanzielle Probleme und er möchte trotzdem mit dem materiellen Standard mithalten. Das darf für den Dieb natürlich keine Entschuldigung sein. Aber ihr könnt möglicherweise verhindern, dass er weiterhin zugreift, und ihm besser helfen, wenn ihr seine Motive kennt.

RICHTIG GUT MITEINANDER KLARKOMMEN

Sich gut zu verstehen und jemanden mitsamt seinen Macken zu akzeptieren gelingt am besten, wenn man sein Gegenüber möglichst gut einschätzen kann. Ganz einfach, weil du weißt, woran du bist. Garantiert ist dir schon aufgefallen, dass es in deiner Clique eine genaue Rollenverteilung gibt. Während der Cliquen-Leader für Action sorgt, wirkt ein anderer wie ein ausgleichender Ruhepol in Stresssituationen. Und jemand anders ist dafür zuständig, immer gute Laune zu verbreiten. In deiner Klasse ist es genauso: Auch deine Mitschüler übernehmen – genau wie du selbst – bestimmte Rollen im Klassenverband.

Das ist typisch für alle Gemeinschaften und sorgt dafür, dass das Miteinander in der Klasse gut funktioniert. Je besser du dich im Mikrokosmos des Klassenzimmers auskennst und über die verschiedenen Typen Bescheid weißt, desto wohler wirst du dich fühlen. Weil eine Klasse natürlich wesentlich größer ist als eine Clique, gibt es auch die eine oder andere Doppelrolle. Wahrscheinlich findest du gleich mehrere Mitschüler, mit denen du super quatschen und Spaß haben kannst, während wieder andere einen kleinen Heiligenschein verdient hätten, weil sie megahilfsbereit sind. Nicht zu verachten sind auch diejenigen, denen du jeden Kummer anvertrauen und bei denen du gleichzeitig sicher sein kannst, dass deine Geheimnisse bei ihnen so sicher wie die Kronjuwelen im Tower sind.

Das Trio der Klassennerver

Natürlich hast du es auch mit einigen Klassenkameraden zu tun, mit denen du nicht sofort auf einer Wellenlänge liegst. Es gibt Typen, die auf den ersten Blick ganz schön nerven können. Aber: Ohne sie würde in der Klasse einfach etwas fehlen, weil auch sie ihre richtig guten Seiten haben.

DER STREBER

Er ist am leichtesten zu entlarven, weil er am ersten Tag nach den großen Ferien gleich die erste Reihe vor der Tafel in Beschlag nimmt und frisch und ausgeschlafen auf den Lehrer wartet, während die anderen Schüler unlustig ins Klassenzimmer trödeln. Auf die Pause scheint er sich nur deshalb zu freuen, um mit dem Pauker den Stoff der nächsten Wochen zu besprechen, selbst wenn alle anderen schon auf den Hof drängen, um ihre Urlaubserlebnisse auszutauschen. Bei einer Klassenarbeit baut er freiwillig eine Bücherwand auf, damit bloß niemand von ihm abschreibt. Und wenn bei einer kniffligen Frage das große Schweigen herrscht, wird er sich freudig melden, um sein alleiniges Wissen zum Besten zu geben. Logisch, dass ein echter Streber sich durch sein Verhalten auf den ersten Blick keine Freunde macht.

Warum Streber trotzdem okay sind:
Manchmal ist es die pure Unsicherheit, die einen Mitschüler zum Streber werden lässt. Vielleicht weil er bei seiner Suche nach der richtigen Rolle in der Klassengemeinschaft nur noch diese einzige Nische gefunden hat, in der er sich Gehör bei den anderen verschaffen kann. Abgesehen davon lernt er vermutlich einfach gerne und sieht keinen Grund, warum er mit seinem Wissen hinter dem Berg halten soll. Gute Schüler geraten schnell in den Ruf, Streber zu sein, und werden deshalb von vielen Mitschülern abgelehnt. Gleichzeitig sind sie clever genug, um das zu checken. Und sie sehen es dann natürlich nicht ein, warum sie den anderen in brenzligen Lernsituationen oder bei Klassenarbeiten behilflich sein sollen. Wer sich hingegen Strebern gegenüber nett verhält und ihnen nicht die kalte Schulter zeigt, wird schnell davon profitieren. Oft genügt schon ein Anruf, wenn du dich mit den Hausaufgaben abstresst. Das verschafft dir nicht nur die Gelegenheit, der Lösung auf die Spur zu kommen. Du kannst das Telefonat auch zu einem kleinen Smalltalk nutzen, den ihr am nächsten Tag in der Klasse fortsetzt. Damit stärkst du nicht nur das Selbstbewusstsein des Strebers, du hast vielleicht auch die Möglichkeit, hinter seine Superlerner-Fassade zu blicken und jemanden zu entdecken, der eigentlich total nett ist.

DER KLASSENKING

Gäbe es das Wörtchen »cool« noch nicht, würde er es garantiert erfinden. Er ist der Beste, Größte und Tollste und versammelt gerne eine Schar von kleinen Schergen um sich, die ihn bedingungslos anhimmeln. Ihn und sein Image infrage zu stellen trauen sich die wenigsten. Trotzdem hat man manchmal das untrügliche Gefühl, dass da jemand nur eine Show abzieht, die im Prinzip supernervig ist. Wie er es dennoch schafft, das Regiment in der Klasse von Spaßaktionen bis zum Schüleraufstand zu führen? Ganz einfach: Er ist lauter als alle anderen, gibt zu jedem und allem seinen Kommentar ab und drängt sich somit immer wieder erfolgreich in den Vordergrund.

Warum Klassenkings trotzdem okay sind:
Zugegeben, er hat in deiner Daily-School-Soap definitiv eine Hauptrolle ergattert, auch wenn der Applaus dafür nicht immer tosend ist. Dennoch ist seine Kreativität für Action in der Klasse nicht zu unterschätzen. Sein Einsatz ist durchaus positiv zu bewerten, wenn es beispielsweise darum geht, einen Mitschüler zu verteidigen, der von einem Lehrer ungerecht behandelt wird. Oder eine Klassenarbeit zu verhindern, weil der Stoff dazu überhaupt noch nicht vollständig durchgenommen worden ist. Der Klassenking spielt sich nämlich nicht nur auf, er kann auch richtig was bewirken, wenn ihm das Drehbuch dazu vorgegeben wird. Dann legt er sich sogar ohne Rücksicht auf eigene Nachteile für andere ins Zeug. Natürlich geht es ihm dabei in erster Linie darum, für sein Handeln von den Mitschülern bewundert zu werden. Aber das ist doch ein annehmbarer Preis dafür, wenn er wirklich etwas für einen Einzelnen oder die ganze Klasse erreichen konnte, oder?

DER KLASSENCLOWN

Auf den ersten Blick scheint es eine nette Rolle zu sein: Der Klassenclown sorgt immer für Spaß, ist ständig gut drauf und hat zu jeder Gelegenheit einen witzigen Spruch auf den Lippen. Spätestens aber wenn sonst gar nichts von ihm zu hören ist, fängt er an zu nerven. Weil eben nicht alles nur lustig ist und sich die Mitschüler des Klassenclowns irgendwann einfach nicht mehr ernst genommen fühlen. Abgesehen davon führt sein Verhalten allzu oft dazu, dass die ganze Klasse darunter leiden muss, nur weil der Klassenclown es mit seinen Scherzen zu weit getrieben hat und der Lehrer streng durchgreift.

Warum Klassenclowns trotzdem okay sind:
Wer einen echten Komiker in der Klasse hat, kann auf der nächsten privaten Fete auf Erkan und Stefan verzichten. Der Klassenclown sorgt garantiert für gute Stimmung und bringt selbst die müdeste Party mit seinen Stand-up-Gags in Schwung. Und selbst im Klassenzimmer lernt es sich natürlich prinzipiell besser, wenn man auch mal was zu lachen hat. Treibt der Klassenclown seine komische Nummer aber zu sehr auf die Spitze, ist es gar nicht so schwer, ihn davon wieder runterzuholen. Ein einfaches »Jetzt mach mal langsam« reicht meist aus, um ihn auszubremsen. Bezieht ihn ruhig auch mal bei ernsteren Gesprächsthemen mit ein. Damit gebt ihr ihm zu verstehen, dass er auch akzeptiert ist, wenn nicht sein Spaßfaktor gefragt ist.

Zwischen Rolle und Realität

Wer einen bestimmten Part im Klassentheater übernommen hat, muss im »wirklichen Leben« nicht unbedingt die gleiche Rolle spielen. Sobald der Schulvorhang gefallen ist, setzen viele Schüler ihre Klassenmaske ab und verwandeln sich zu völlig anderen Menschen. Das geschieht ganz besonders häufig bei denen, deren Rollen nicht wirklich schmeichelhaft sind. Deshalb lohnt sich bei jedem deiner Mitschüler ein Blick hinter die Kulisse.
Das gelingt am besten bei einem zufälligen Treffen nach der Schule, das du zu einem kleinen Gespräch nutzen kannst. Vielleicht ergeben sich dabei gemeinsame Interessen wie ein gleiches Hobby, eine gemeinsame Sportart oder dieselbe Vorliebe für bestimmte Kinofilme. Daraus kann schnell eine lockere, neue Freundschaft entstehen, die dem angeblichen Loser dazu verhelfen kann, sein Image bei den Klassenkameraden geradezubiegen. Ganz einfach weil eine kleine Aussage wie »Der (oder die) ist gar nicht so schlimm« auch den Mitschülern die Augen öffnet und sie dazu veranlasst, genauer hinzusehen.

FUN, ACTION UND TOLLE FREUNDE

Jeder ist gefragt, damit in der Klasse klasse Stimmung herrscht! Klar, dass du dabei nicht mit allen gleich gut befreundet sein kannst. Trotzdem solltest du morgens mit einem guten Gefühl dein Klassenzimmer betreten und dich auf Fun mit deinen besten, guten und selbst weniger guten Freunden freuen können. Dass es mal Spannungen gibt, ist ganz normal. Aber sie sollten möglichst schnell geklärt und aus dem Weg geräumt werden. Denn es wäre doch echt schade, die Zeit, die man miteinander verbringen muss, nicht möglichst angenehm zu gestalten. Und schon manch einer hat in seinem anfangs argwöhnisch betrachteten Banknachbarn einen Freund fürs Leben gefunden.

Fünf Tricks für Toplaune

Hängen dauernd dicke Gewitterwolken über eurem Klassenzimmer oder habt ihr euch wirklich nichts zu sagen, muss das nicht so bleiben. Mit einfachen Mitteln kann man das Klassenklima oft erheblich aufhellen. Und manchmal muss man seine Mitschüler nur näher kennenlernen, um sich besser miteinander zu verstehen. Und schwupp, seid ihr eine eingeschworene Gemeinschaft!

1. Lass Außenseiter nicht außen vor

Ist jemand Außenseiter und wird von den anderen belächelt oder links liegen gelassen? Bestimmt hat auch er Qualitäten, die du bei einem Treffen außerhalb der Schulzeit locker rausfindest. Steht eine Party eines Mitschülers an, überrede ihn, den Außenseiter auch einzuladen, und begründe das damit, dass er beispielsweise super Feten-CDs hat oder eigentlich voll nett, aber leider schüchtern ist. Beziehe ihn auch in der Pause mit ein, wenn er wieder einmal alleine an seinem Apfel kaut. Ein einfaches »Komm doch rüber zu uns« wirkt oft schon Wunder.

2. Streber willkommen

Kämpft einer deiner Klassenkameraden immer mit vollem Einsatz an der vordersten Notenfront, ist das noch lange kein Grund, ihn deshalb auszugrenzen. Im Gegenteil: Überzeuge lieber deine Mitschüler davon, dass sein Ehrgeiz auch für die nicht ganz so Eifrigen Vorteile haben kann. Schließlich ist es nicht schlecht, jemanden in der Klasse zu haben, der für knifflige Lehrerfragen zuständig ist. Das hält den muffligsten Pauker bei Laune. Musterschüler sind häufig unsicher, wie sie bei ihren Klassenkameraden ankommen, weil sie einerseits gerne und gut lernen und andererseits schlau genug sind, um zu wissen, dass sie sich damit nicht immer Freunde machen. Bestärke die Superlerner in ihrem Selbstbewusstsein, indem du sie bittest, unklaren Stoff zu erklären oder Tipps für die nächste Klassenarbeit zu geben. Das verbessert gleichzeitig ihr Ansehen in der Klasse, weil ihre Hilfsbereitschaft unter den Mitschülern bestimmt positiv aufgenommen wird.

3. Vermittler gesucht

Gibt es Stress in der Klasse, weil Mitschüler Zoff haben, versuch den Grund dafür in Gesprächen mit den beiden Streithähnen rauszufinden. Schlage vor, dass sie sich an einen Tisch setzen und du zwischen ihnen vermittelst, um die Ursache für den Streit aus dem Weg zu räumen. Mediation heißt das Zauberwort. Dabei sorgst du schon allein durch deine Anwesenheit dafür, dass sich die beiden Kampfhähne nicht andauernd unterhalb der Gürtellinie angreifen oder beleidigen, sondern dass sie die Chance wahrnehmen, ihre Kommunikation wieder auf ein vernünftiges Niveau zu bringen.

4. Party-Power

Klassenfeten sind perfekt, um für gute Stimmung unter den Mitschülern zu sorgen. Nimm die Planung dafür in die Hand und bilde Teams, die sich um die Erlaubnis der Schulleitung, Getränke, Knabbereien, Musik und Unterhaltung kümmern. Wenn es dir gelingt, alle Mitschüler in die Vorbereitung einzubeziehen, hast du gleichzeitig mögliche Außenseiter an der Angel. Weil auch sie sich mit ihren Ideen in die Gemeinschaft mit einbringen können und somit eine tolle Gelegenheit haben, einen besseren Draht zu ihren Mitschülern zu bekommen.

5. Action-Programme

Tolles Wetter, super Kinoprogramm, neue Skaterbahn – deine Ideen für Freizeit-Fun am Nachmittag sind gefragt. Erkundige dich in der Klasse, wer Lust hat, mit ins Schwimmbad zu kommen, einen Film anzusehen oder was für die Fitness zu tun. Klar kann nicht immer jeder dabei sein. Aber wenn sich hin und wieder einige aus der Klasse auch am Nachmittag für gemeinsame Unternehmungen treffen, kommt ihr untereinander immer öfter ins Gespräch. Und vielleicht stellst du plötzlich fest, dass du von dem einen oder anderen Mitschüler einen falschen Eindruck hattest.

Quicktipps für Schüchterne

Wichtig für gute Stimmung in der Klasse sind natürlich auch die, die nicht unbedingt zu den »Leadern« gehören und deren Ding es einfach nicht ist, an vorderster Front zu kämpfen und ständig für Action zu sorgen. Auch eher schüchterne Schüler können wichtige Beiträge zur Klimaverbesserung im Klassenzimmer leisten. Dabei reichen nämlich oft schon Kleinigkeiten aus, mit denen du Großes bewirken kannst. Und zwar auf die Schnelle und auch noch fast lautlos.

QUICKTIPP 1: Freie Sicht

Du bekommst mit, dass dein Tischnachbar sich die Haare über einen Test oder eine Klassenarbeit rauft. Leg dich nicht gleich mit deinen Ellenbogen über dein eigenes Blatt, sondern verschaff deinem Nachbarn ein wenig Luft, indem du ihm freien Blick auf deine Aufgabenlösungen ermöglichst. Das ist weder strafbar, noch hätte es für dich Konsequenzen, wenn der kleine Schwindel auffliegen sollte. Wenn alles glatt geht, kannst du aber sicher sein, dass der »Abschreiber« dir superdankbar ist und das auch an deine Klassenkameraden weitergeben wird.

QUICKTIPP 2: Smiley
Gibt es einen Außenseiter in deiner Klasse, musst du nicht gleich die große Konferenz einberufen. Oft reicht es schon, demjenigen, der ständig auf dem Pausenhof abseits steht, ein nettes Lächeln rüberzuwerfen. Das motiviert häufig genug, sodass er sich traut, sich zu euch zu stellen. Weil er im Stillen weiß, dass er in dir jemanden gefunden hat, der sich mit ihm verbündet.

QUICKTIPP 3: Nein zum Lästern
Gehörst du eher zu den Stillen in deiner Klasse, kannst du das auch positiv zum Prinzip machen. Ganz einfach, indem du dich auch an Lästereien nicht beteiligst und deine Ablehnung gegen diese Tuscheleien hinter jemands Rücken demonstrativ geltend machst. Wie das funktioniert? Geh weg, wenn die Lästerrunde wieder durchstartet. Damit regst du »Mitläufer« zum Nachdenken über ihr Handeln an. Und bestimmt wird dich schnell jemand darauf ansprechen, wie gut er es eigentlich findet, dass du dich bei Gemeinheiten außen vor hältst.

VOLLE KRAFT FÜR DEINE KLASSE

Du bist nicht nur engagiert, um für ein gutes Miteinander unter deinen Klassenkameraden zu sorgen, sondern auch motiviert, die Stimmung im positiven Bereich zu halten? Du setzt dich für Schüler ein, die es in der Klasse nicht ganz leicht haben? Du wehrst dich gegen Ungerechtigkeiten von Lehrern oder unfaire Entscheidungen, die von der Schulleitung kommen? Keine Frage, dann hast du das Zeug zum Klassensprecher. Trau dich ruhig und stell dich bei der nächsten Wahl zur Verfügung.

Der Klassensprecherjob

Die Aufgaben von Klassensprechern lassen sich in zwei Bereiche einordnen: Einerseits sind sie direkt in der Klasse gefordert, andererseits beteiligen sie sich aktiv an der Gestaltung des Schullebens über die Schülermitverwaltung.

In der Klasse

Du bist erster Ansprechpartner für deine Mitschüler, wenn es Zoff untereinander oder mit Lehrern gibt. Kommt ein Schüler mit einem Lehrer nicht klar, kannst du ihn unterstützen, um dem Konflikt den Zündstoff zu nehmen. Wünsche, Anregungen oder Kritik der ganzen Klasse trägst du an die Lehrer heran und versuchst dabei zu helfen, eine Lösung zu finden. Notfalls kannst du Kontakt zu eurem Vertrauenslehrer aufnehmen. Wenn es um Anregungen deiner Mitschüler für gemeinsame Aktivitäten geht, bist du für die organisatorische Umsetzung verantwortlich. Gleichzeitig kannst du deine Klasse mit eigenen Vorschlägen motivieren, mal etwas zusammen zu unternehmen.

In der Schülermitverwaltung

Als Klassensprecher wählst du zusammen mit deinen »Kollegen« aus den anderen Klassen den Schülersprecher und die jeweiligen Verbindungs- oder Vertrauenslehrer. Bei Klassensprecherversammlungen bist du mit dabei und kannst Wünsche, Kritik oder Anregungen einbringen. Bei Veranstaltungen der ganzen Schule darfst du mitplanen und die Interessen deiner Klasse vertreten. Toll, wenn du den Kontakt zu anderen Klassensprechern, beispielsweise aus Parallelklassen, hältst, weil häufig Probleme anstehen, die ihr gemeinsam besser bewältigen könnt. Das gilt vor allem, wenn ihr mit einem ganz bestimmten Lehrer nicht klarkommt.

Talent zum Klassensprecher hast du, wenn du ...

... ein gutes Image in der Klasse hast und deine Mitschüler dir vertrauen.

... dich gut ausdrücken kannst und in der Lage bist, einen Standpunkt sachgerecht zu vertreten.

... bereit bist, deine eigenen Interessen hinter den Interessen deiner Klasse zurückzustellen.

... einplanst, dass auch ein kleiner Teil deiner Freizeit für das Klassensprecheramt draufgehen wird.

... einen guten Stand bei den Lehrern hast.

So wirst du Klassensprecher

Mach es den Politikern nach und entwickle eine Strategie dafür, dass dich deine Mitschüler zum Klassensprecher wählen. Was du dir bei deinem Wahlkampf nicht von der großen Politik abgucken solltest, sind unfaire Aktionen wie das Abwerten des derzeitigen Klassensprechers oder Unterstellungen, dass du in kniffligen Fällen anders oder besser gehandelt hättest. Erlaubt ist hingegen, dass du dich mit dem aktuellen Klassensprecher persönlich auseinander setzt, falls sich deine Mitschüler von ihm nicht ausreichend vertreten fühlen.
Wenn du alle Spielregeln beachtest, darfst du ruhig Werbung für dich machen. Wie das funktioniert, erfährst du auf der nächsten Seite.

Interesse für das Amt zeigen

Deute möglichst frühzeitig an, dass du es dir vorstellen kannst, Klassensprecher zu werden. Kläre, ob der bisherige Klassensprecher Interesse daran hat, sein Amt weiterzuführen. Sprich dabei auch offen und ehrlich darüber, dass du selbst gerne Klassensprecher wärst. Vielleicht gibt es auch die Möglichkeit, als Team anzutreten, oder aber du übernimmst zunächst nur seine Vertretung, um dich in die Aufgaben einzuarbeiten.

Vertrauen gewinnen

Zeig deinen Mitschülern, dass ihre Geheimnisse bei dir sicher sind. Wie das geht? Ganz einfach, indem du dich nicht an allgemeinen, harmlosen Lästerrunden beteiligst und keine Dinge ausplauderst, die dir jemand anvertraut hat.

Überzeugungsarbeit leisten

Kläre in Einzelgesprächen oder indem du dich an größere Gruppen oder die ganze Klasse wendest, was von einem Klassensprecher erwartet wird. Vielleicht kannst du eine Diskussion über das Klassensprecheramt im Unterricht anregen.

Vorschläge bringen

Erzähle deinen Mitschülern von deinen Ideen. Vielleicht hat euer Klassenzimmer ja einen Tapetenwechsel dringend nötig und du ergreifst die Initiative, eine Verschönerungsaktion auf die Beine zu stellen. Du kannst auch Anregungen für die Sitzordnung einsammeln und mit dem Klassenlehrer besprechen. Immer gefragt ist das Engagement des Klassensprechers, wenn es um die Planung von Ausflügen oder Schullandheimaufenthalten geht.

FAIR PLAY BEIM SPORT-UNTERRICHT

Es ist schon sonderbar: Ist man in Englisch, Mathe oder Chemie der volle Loser, hat das auf den Stand in der Klassengemeinschaft keinerlei negative Auswirkungen. Unsportliche Typen hingegen müssen oft Hänseleien ertragen. Nicht jeder ist eben eine Sportskanone und auf direktem Weg zur Olympiateilnahme, wenn es ums Rennen, Weitspringen oder Turnen geht. Kein Wunder, dass manche Schüler dazu neigen, lieber einen großen Bogen um die Turnhalle zu machen, oder sich die abenteuerlichsten Entschuldigungen ausdenken, um sich vorm Sportunterricht zu drücken.

Manchmal stecken aber auch ganz persönliche Gründe hinter der Ablehnung des schulisch verordneten Fitness-Programms. Vielleicht gibt es in deiner Klasse ein Mädchen mit Figurproblemen, die sich nur deshalb nicht traut, am Sport teilzunehmen, weil sie sich im engen Sportdress vor den anderen schämt.

Es kann natürlich auch sein, dass euer Sportlehrer nicht gerade das sensibelste Händchen bei der Beurteilung der Schüler hat und es schafft, mit fiesen Bemerkungen jemanden andauernd zu verletzen oder zum Opfer für Spott zu machen. Und natürlich gibt es Mädchen, die alle vier Wochen mit Bauchkrämpfen wegen ihrer Regel zu kämpfen haben und einfach nicht in der Lage zu körperlichen Anstrengungen sind. Das aber ist kein Grund für Lehrer und Mitschüler, sich abfällig darüber zu äußern oder lustig zu machen.
Hilf mit, mehr Sportlichkeit und Fair Play in den Sportunterricht zu bringen, damit sich niemand aus der Klassengemeinschaft ausgegrenzt fühlt, nur weil er zwei linke Beine hat. Mit diesen Tipps wird aus deiner Klasse auch beim Sport ein super Team:

Spagat zwischen Lehrern und Schülern

Wird einer deiner Mitschüler aufgrund fehlender Höchstleistungen immer wieder von eurem Sportlehrer bloßgestellt, kannst du handeln. Entweder, indem du Partei für den betroffenen Schüler ergreifst, wenn der Lehrer mal wieder einen Lattenschuss in puncto Ton hinlegt. Oder aber, indem du den Schüler ermutigst sich selber zur Wehr zu setzen. Dabei kannst du anbieten ihn zum fälligen Gespräch zu begleiten. Tipp: Im Notfall ist der Vertrauenslehrer euer bester Ansprechpartner.

Rote Karte für Lästerer

Sind es die Mitschüler, die immer wieder während des Sportunterrichtes über jemanden herziehen, ist es höchste Zeit für einen Platzverweis. Mach den anderen klar, dass es keinen Grund dafür gibt, jemanden nur wegen seiner Unsportlichkeit zu verurteilen. Das funktioniert am besten, wenn du dir die Lästerer einzeln vorknöpfst und ihnen die Folgen ihres Verhaltens klar machst. Schließlich passiert es superschnell, dass auch die anderen Schüler sich dem Oberlästerer anschließen und völlig gedankenlos ihre Späße über die vermeintliche Sportniete machen. Traust du dich nicht, den Lästerer direkt anzusprechen? Auch kein Problem. Ist der Sportlehrer in Ordnung, wirst du ein offenes Ohr bei ihm für dieses Problem finden. Und: Du kannst dich natürlich auch an euren Klassensprecher wenden und um Schützenhilfe bitten.

1:0 für Außenseiter

Geht es um die Wahl von Teams für Mannschaftsspiele während des Sportunterrichts, kommt es vor, dass immer die gleichen Mitschüler erst ganz zum Schluss in die Mannschaft gewählt werden. Der Grund: Ihnen wird nicht zugetraut das Team zur Gewinnermannschaft zu machen. Klar, dass es den Betroffenen nicht gerade einen Kick fürs Selbstbewusstsein gibt, wenn sie immer als Letzte übrig bleiben. Sprich das Problem bei deinem Sportlehrer oder dem Klassensprecher an, denn häufig steckt hinter diesen Ausgrenzungsaktionen gar kein böser Wille, sondern nur die Lust, am Ende des Wettkampfs auf dem Siegertreppchen zu stehen. Vielleicht gelingt es euch, in einer offenen Diskussion eine Lösung zu finden. Oder du regst an, dass immer der Sportlehrer die Teams zusammenstellt. Am gerechtesten wäre es, die Teams über das Losverfahren auszuwählen.

Lieblings-location Schule

Okay, es ist eher unwahrscheinlich, dass du dir jeden Morgen deinen Wecker schon eine halbe Stunde früher stellst, weil du es kaum erwarten kannst, in die Schule zu kommen. Trotzdem kann selbst die auf den ersten Blick ödeste Lehranstalt schnell zu einem Ort werden, wo du jede Menge Spaß hast. Das richtige Equipment, positives Denken und Engagement rollen quasi einen roten Teppich aus, auf dem Fun und Action Einzug in deine Schule halten können. In diesem Kapitel findest du viele Fun-Facts für Klassenzimmer und Pausenhof, die sich im Handumdrehen umsetzen lassen.

Pausen-Power

Mit den Freunden während der Pause quatschen ist supernett. Doch manchmal könnte es ruhig ein bisschen mehr Action sein. Und überhaupt, euer Pausenhof wirkt eher wie ein trister »Abstellplatz« für nicht beschäftigte Schüler. Das muss aber nicht so bleiben. Such dir deshalb Mitstreiter in deiner Klasse und sammelt Vorschläge für eine schönere Gestaltung des Pausenhofs. Vielleicht ist es ja über die Schülermitverwaltung oder den Schülerrat möglich, eine Umfrage unter allen Schülern zu machen, um Anregungen für einen farbenfroheren Pausenhof zu kriegen. Außerdem gibt es eine Menge, was sich mit relativ wenig Aufwand umsetzen lässt, aber mit dessen Hilfe ihr euch während der Pause richtig austoben könnt. Vom Basketballkorb bis zum Maxi-Mühlespiel – solche Dinge sorgen für mehr Spaß in der Pause. Weil das allerdings etwas Geld kostet, das die Schulen in der Regel nicht selber haben, solltet ihr bei der Elternvertretung um einen Zuschuss nachfragen. Vielleicht gelingt es auch, für Anschaffungen Sponsoren unter den Geschäftsleuten an deinem Wohnort zu finden. Immer gut: Ein Schulflohmarkt oder ein Schulfest spülen ordentlich Geld in leere Kassen, wenn ihr den Erlös für den Kauf von Pausenspielen zur Verfügung stellt.

Pauk-Picknick

Für ein gesundes Pausenbrot werden vermutlich deine Eltern sorgen. Klasse kommt aber auch ein Picknick mit deinen Mitschülern an. Vereinbart mit eurem Klassenlehrer einen festen Termin in der Woche oder im Monat, zu dem jeder Schüler Pausensnacks vorbereitet, die perfekte Nahrung für das Gehirn liefern. Hängt dazu eine Liste im Klassenzimmer auf, in die sich jeder einträgt und aufschreibt, was er mitbringen will. Übrigens: Selbst skeptische Lehrer lassen sich garantiert von einer solchen Frühstücksaktion überzeugen, wenn du auf den guten Einfluss auf das Klassenklima hinweist.

Urlaubsstimmung

Zugegeben, kaum jemand würde von sich aus auf die Idee kommen, mit seinem Lehrer in den Urlaub zu fahren. Steht aber eine Fahrt in ein Schullandheim an, muss das nicht Langeweile bedeuten. Ihr könnt für positive Urlaubsstimmung sorgen, indem ihr euch an der Auswahl des Ortes und der Vorbereitung der Fahrt beteiligt. So verhindert ihr von vornherein, dass das Actionprogramm aus Bastel- und Singabenden besteht. Teilt euch deshalb in Vorbereitungsteams ein und macht euch schlau, an welchen Orten spannende Ausflüge garantiert sind. In einer Action-Karte könnt ihr Ideen sammeln und vom Klettern über Kajakfahren bis hin zu Höhlenerkundungen alles notieren, was den optimalen Fun auf einer Fahrt verspricht. In der Klasse wird dann über eure »Traumreise« abgestimmt.

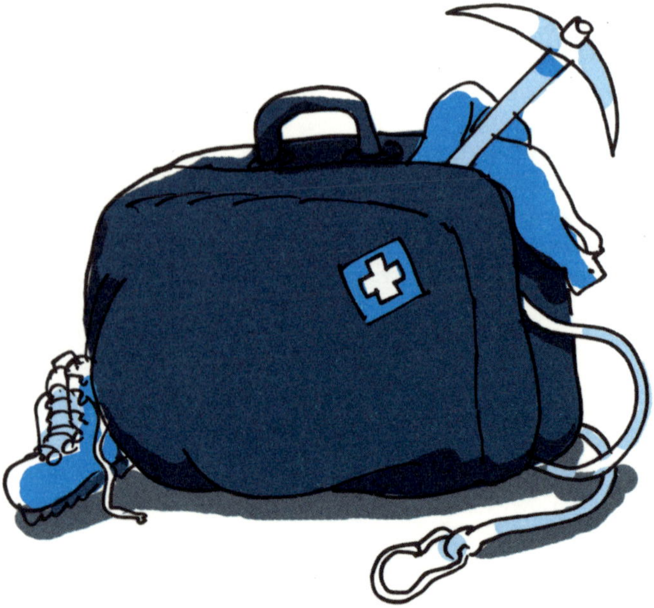

Film ab

Das Angebot an freiwilligen AGs im schulischen Nachmittagsprogramm erscheint dir eher unattraktiv? Das ist deine Chance für eigene Vorschläge! Wie wäre es mit einer Film-AG? Bestimmt tust du unter deinen Mitschülern schnell oscarverdächtige Schauspieler und Regisseure auf, mit denen du ein Drehbuch für eine eigene Schul-Soap oder einen Pauker-Thriller ausarbeiten kannst. Ist das Equipment an deiner Schule für den Filmspaß nicht vorhanden, heißt es, die notwendigen Geldquellen zu erschließen. Auch in diesem Fall findet sich vielleicht in der Kasse des Elternbeirats ein kleiner Zuschuss für die Ausstattung. Oder wie wäre es, wenn du mal herumfragst, ob sich Mütter und Väter dazu bereit erklären, ihre eigene Digital- oder Videokamera zur Verfügung zu stellen. Auf die gleiche Weise kannst du natürlich jede Art von AG zusammenstellen. Mit einem genauen Plan darüber, was in der AG laufen soll, wird es auch nicht schwerfallen, eine entsprechende Lehrkraft für das Abenteuer zu gewinnen.

Schule zum Verlieben

Süße Mädchen, süße Jungs – die Schule ist eigentlich ein idealer Ort, um sich richtig zu verknallen. Vorteil: Du siehst deinen Schwarm täglich und hast genügend Angriffspunkte, um Kontakt mit ihm aufzunehmen, falls ihr euch noch nicht so gut kennen solltet. Vielleicht hat dein Schwarm ja in einem Fach besorgniserregende Wissenslücken? Dann biete doch an, ihm Nachhilfe zu geben, und schon hast du ein Date für den Nachmittag in der Tasche. Zahlreiche Gelegenheiten zum Flirten findest du außerdem auf Schulpartys oder auf dem Pausenhof.

Beauty-Kur fürs Klassenzimmer

Das Klassenzimmer muss nicht zwingend der Ort des gelebten Grauens sein. Tapetenwechsel ist durchaus drin und wird auch deine Lehrer erfreuen. Ganz einfach, weil sie das Engagement ihrer Schüler schätzen, wenn es darum geht, das Lernklima zu verbessern. Dass dazu auch optische Aufheller beitragen können, ist ihnen natürlich bekannt. Beraumt mit eurem Klassenlehrer deshalb eine Extrastunde fürs Beauty-Brainstorming an und überlegt, was ihr schöner machen könnt. Wie wäre es mit einer Fotowand mit Bildern von allen Schülern, unter denen ihre nettesten Eigenschaften eingetragen werden? Toll auch eine kleine Pausenecke für schlechtes Wetter. Vielleicht könnt ihr ein Regal frei räumen, für das jeder Zeitschriften oder Bücher zum Stöbern von zu Hause mitbringt, falls es mal wieder in der Pause in Strömen regnet.

Geldsegen

Ein Trip mit dem Heißluftballon, ein Ausflug ins Erlebnisbad, ein Tag im Vergnügungspark – prickelnde Ideen für den nächsten Wandertag gibt es garantiert genug. Um einen öden Spaziergang kommt ihr aber nur herum, wenn sich das Vergnügen in finanziellen Grenzen hält. Leider muss man für viele Aktionen ganz schön tief in die Tasche greifen. Um sie trotzdem zu verwirklichen, könnt ihr mit eurer Klasse einen Flohmarkt veranstalten. Jeder mistet sein Zimmer aus mit der Vorgabe, zehn Gegenstände mitzubringen. Der Erlös wandert in die Klassenkasse. Schnell habt ihr ein schönes Sümmchen zusammen, das euch auch bei der Umsetzung eines kostspieligeren Wandertagvergnügens hilft.

Weihnachtswichteln

Ein Riesenspaß mit kleinem Aufwand, den schon die alten Schweden schätzten! Unter dem Begriff Julklapp wurden dort Freunde mit Kleinigkeiten beschenkt – natürlich ohne dass man den Namen des Schenkenden kannte. Der musste nämlich zum Schluss erraten werden. So betätigt ihr euch als Weihnachtswichtel beim Klassen-Julklapp: Vor der ersten Adventswoche wird ein Hut oder eine Schüssel herumgereicht. Darin befinden sich Zettel, auf denen jeweils ein Name eines Klassenkameraden vermerkt ist. Jeder Schüler muss einen Zettel ziehen und demjenigen, dessen Name draufsteht, jeden Adventsmontag ein Geschenk machen. Das sollte dann möglichst heimlich unter seine Bank oder in seine Manteltasche geschleust werden. Legt unbedingt vorher fest, dass die Geschenke nicht teurer als beispielsweise zwei Euro sein dürfen – das beflügelt die Kreativität.

An eurer Weihnachtsklassenparty müsst ihr raten, wer euch beschenkt hat, und anschließend könnt ihr bei Tee und Plätzchen das Geheimnis lüften.

AB1-1

PANNEN-HILFE

SOS bei schlechten Noten

Überflieger, Arbeitsbienen und Fleißbären haben es leicht in der Schule. Gute Noten ziehen sie nicht nur magisch an, auch den Lernstoff pauken sie scheinbar mühelos durch. Wer es in der Schule nicht ganz so leicht hat, kann dabei ganz schön neidisch werden. Aber das ist für Schüler, die immer die unteren Plätze im Noten-Ranking belegen, nicht einmal das Schlimmste. Viel ätzender ist es, dass es zu Hause wegen der schlechten Noten dauernd Ärger mit den Eltern gibt.

SCHONGANG FÜR ELTERN

Schlechte Noten haben es in sich: Eigentlich würde es ja voll und ganz reichen, dass dein Lehrer dich wegen deiner miesen Leistung auf dem Kieker hat und ständig an die Tafel holt. Aber meist sorgt ein Notendurchschnitt, der im unteren Bereich liegt, auch noch für dicke Luft zu Hause. Schließlich haben auch deine Eltern ein Wörtchen mitzureden, wenn es um das Erklimmen der Karriereleiter in deiner schulischen Laufbahn geht. Kein Wunder, denn sie sind natürlich daran interessiert, dass du einen tollen Abschluss schaffst und dir damit sämtliche Wege in Richtung Traumberuf offen stehen.

Umso schwerer ist es, Müttern und Vätern klarzumachen, dass es einfach Zeiten gibt, in denen du dich nicht voll auf deinen »Job« konzentrieren kannst und die Schule eher links liegen lässt. Vielleicht bist du ja verliebt und hast statt Mathe und Englisch nur für deinen Schwarm Platz im Kopf. Oder es gibt Probleme in der Clique, die dein ganzes Engagement erfordern. Auch Freunde mit Kummer können einen ziemlich in Beschlag nehmen, sodass zum Lernen keine Extraminute frei bleibt und du nur das Minimalpensum pauken kannst. Trotzdem solltest du kein schlechtes Gewissen haben. Auszeiten vom Paukstress sind absolut okay, wenn du das Lernloch, das du dabei aufreißt, nicht allzu groß werden lässt. Setzt du dir eine Deadline mit festem Datum, bis wann du die Lücken aufgeholt haben musst, kommst du garantiert wieder auf ein gutes Notenniveau.

Abgesehen davon kannst du eine schlechte Leistung in einer Klassenarbeit schnell wieder ausbügeln, wenn du dich mündlich richtig ins Zeug legst. Deine Lehrer werden begeistert sein, wenn du freiwillig Referate anbietest oder dich im Unterricht interessiert beteiligst. Vorteil für dein Gehirn: Wer am Vormittag zuhört und mitdenkt, erspart sich eine Menge Frust am Nachmittag, weil sich die Basics der Büffelarbeit im Gedächtnis bereits ein festes Plätzchen gesucht haben.
Leistest du dir trotzdem hin und wieder einen Ausrutscher auf dem Notenparkett, musst du deshalb noch lange nicht ein elterlich verordnetes Dasein am Schreibtisch fristen. Mit ein wenig Überzeugungsarbeit kannst du die dicke Luft zu Hause schnell wieder in ein prima Klima umwandeln.

Setzen, Sechs!

Miese Leistungen verschweigen bringt Ärger. Vielleicht hast du dadurch zwar die Chance, die Wochenendparty mit deinen Freunden noch voll auskosten zu können. Aber letztendlich weißt du, dass dein dunkles Notengeheimnis irgendwann ans Licht kommt. Am denkbar ungeschicktesten ist es, zu warten, bis die schlechten Noten in der Elternsprechstunde oder am Zeugnistag von selbst herauskommen. Je später du deinen Ausrutscher beichtest, desto eher riskierst du einen Wutanfall von deinen Eltern. Und zwar nicht nur weil sie von deinem schlechten Abschneiden enttäuscht sind, sondern auch weil du sie nicht sofort informiert hast. Was dir in so einem Fall droht, ist, wenn es hart kommt, ein ganzer Katalog fiesester Bestrafungen.

Tipp: Nimm all deinen Mut zusammen und erzähl sofort, was passiert ist. Ist dein Verhältnis zu deinen Eltern generell im grünen Bereich, werden sie dir garantiert nicht wegen einer schlechten Note den Kopf abreißen und dich bis zur nächsten Klassenarbeit zu Einzelhaft am Schreibtisch verdonnern. Das Einzige, was du deinen Eltern klarmachen musst, ist die Tatsache, dass du dich selbst am meisten über deine unterirdische Leistung ärgerst. Damit signalisierst du Engagement und die Einsicht, dass sich das Blatt beim Büffeln wenden muss. Allein das reicht oft schon aus, damit dich deine Eltern am Wochenende nicht zum Pauken zwingen, sondern auf die Piste lassen. Das funktioniert perfekt, wenn du während der Woche tatsächlich einen Turbo beim Lernen einlegst.

Damit Eltern bei blauen Briefen nicht rotsehen

Nichts ist peinlicher, als einen Eintrag deines Lehrers im Hausaufgabenheft nach Hause zu bringen. Auch wenn Lehrer sich telefonisch mit deinem Vater oder deiner Mutter in Verbindung setzen, sollten bei dir die Alarmglocken laut bimmeln. Stellen dich deine Eltern dann deshalb zur Rede, solltest du dein Schauspielertalent nicht unbedingt einsetzen. Ehrlichkeit ist angesagt, egal wie die Vorwürfe deines Klassenchefs lauten. Streitest du hingegen alles ab und ziehst dich beleidigt in einen Schmollwinkel zurück, weckst du nur das Misstrauen deiner Eltern. Die gehen nämlich erst mal davon aus, dass die Kritik deines Lehrers an deinem Verhalten oder an deinen Leistungen eine gewisse Berechtigung hat. Und wenn du auf stur schaltest, läufst du Gefahr, dass deine Eltern das ebenso tun.

Tipp: Schlechte Noten, Stören oder Schuleschwänzen – in einem ruhigen Gespräch mit deinen Eltern könnt ihr gemeinsam klären, was die Ursachen für den Unmut deines Lehrers sind. Vielleicht hast du eine Stunde bei ihm ja nur deshalb blaugemacht, weil du dich von ihm ständig ungerecht behandelt fühlst. Möglich auch, dass du mit etwas Nachhilfe dein Leistungsniveau wieder auf den durchschnittlichen Klassenlevel bringen kannst. Mit deinen Eltern zusammen könnt ihr eine Strategie ausarbeiten, wie du künftig besser durch die Schule kommst.

Achtung: Kleben deine Eltern zunächst vor Wut an der Decke, solltest du ihnen Zeit zum Dampfablassen geben. Hör dir an, was sie dir zu sagen haben, ohne gleich eine Diskussion zu beginnen. Bitte sie stattdessen darum, das Thema am nächsten Tag in Ruhe zu besprechen.

Versetzung gefährdet!

Das ist wohl eine der schlechtesten Nachrichten in einem Schülerleben. Die Noten stehen komplett auf der Kippe und die Lehrer scheinen große Lust zu haben, dich auf eine Wiederholungsrunde zu schicken. Ein echter Schocker! Wahrscheinlich nicht nur für dich, sondern auch für deine Eltern. Dabei sorgen sich Väter und Mütter nicht nur um deine Zukunft. Ihnen ist es vielleicht auch peinlich, vor anderen zuzugeben, dass ihr Kind eine Klasse zweimal machen muss. Kein Wunder, schließlich zieht eine Wiederholung lange Diskussionen mit Opas, Omas und Tanten nach sich, die deine Eltern mit einer Menge Ratschlägen versorgen werden, was sie in der Erziehung unbedingt verbessern müssen. Die Konsequenzen könnten auch für dich unangenehm sein. Vielleicht erwartet man von dir, dass du mit allen Mitteln das Klassenziel doch noch erreichst. Damit sinken in den Wochen vor dem Zeugnis deine Chancen auf Spaß beim Sport oder mit Freunden im Turbotempo Richtung null.

Tipp: Bereite deine Eltern rechtzeitig darauf vor, was dir unter Umständen blüht. Sprich offen deine Ängste aus. Damit nimmst du deinen Eltern schnell den Wind aus den Segeln. Vor lauter Wut und Hilflosigkeit unterstellen manche Mütter und Väter ihren Kindern nämlich gerne, mit voller Absicht den Absturz in der Schule heraufbeschworen zu haben. Mach ihnen deshalb klar, dass dir bewusst ist, was auf dich zukommen könnte. Und dass die Aussichten darauf genauso wenig rosig wie deine Leistungen sind. Sag ihnen, dass du es nicht toll findest, dich in eine neue Klassengemeinschaft einordnen zu müssen, und du schlimmstenfalls den Kontakt zu deinen jetzigen Freunden verlieren könntest. Erkläre ihnen auch, dass kaum ein Schüler freiwillig ein weiteres Jahr Büffeln bucht. Denn eigentlich will man die Schule ja so schnell wie möglich hinter sich bringen.

Schlage deinen Eltern außerdem einen gemeinsamen Termin vor, um euch mit deinen Lehrern zu treffen. So könnt ihr abklären, wie realistisch deine Chancen sind, doch noch den Sprung in die nächste Klasse zu schaffen, und welche Voraussetzungen dabei von dir erwartet werden. Legst du zusammen mit deinen Eltern fest, dass deine schulische Laufbahn erst mal eine Schlitterpartie bleiben wird in der Hoffnung, doch noch durchzukommen, oder dass du in Ruhe den Jahrgangsstufenstoff ein zweites Mal büffelst, solltest du hundertprozentig hinter dieser Entscheidung stehen. Beides hat seine Vor- und Nachteile: Vielleicht öffnet eine neue Klasse ja auch Perspektiven für neuen Fun und neue Freunde. Oder wer weiß, vielleicht kann es dir durchaus gelingen, dass du Wissenslücken schließt und doch noch vorrückst. Und: So oder so, es ist immer möglich, das Ruder herumzureißen, und unter Umständen hast du dann eine Karriere als klasse Schüler vor dir.

SO BEKOMMST DU TROTZDEM, WAS DU WILLST

Mit guten Noten kannst du Eltern von ziemlich allem überzeugen: bis nach Mitternacht auf einer Party bleiben zu dürfen, Geld für ein neues Outfit rauszurücken oder dich mit einer Extrakarte fürs Kino zu beschenken. Wenn es nicht ganz so gut in der Schule klappt und du eher mit mittelmäßigen Leistungen glänzt, heißt das aber noch lange nicht, dass du auf Belohnungen verzichten musst. Der Trick dabei: Wickle deine Eltern einfach um den Finger. Wie das funktioniert, erfährst du hier.

Positive Power

Deine Eltern zeigen nicht gerade die Begeisterung wie nach einem Sechser im Lotto, wenn du es auf eine Vier oder Drei gebracht hast? Kein Problem, wenn du dich selbst ordentlich über die Note freust. Versetz dich in die Gefühle eines Einser-Schülers und berichte deinen Eltern freudestrahlend, dass die Note wirklich super ist, weil du eigentlich mit dem Schlimmsten gerechnet hast.

Fleißarbeit

Du musst nicht gleich die Klasse wiederholen, nur weil du dir einen kleinen Notenabsturz erlaubt hast. Gib deinen Eltern zu verstehen, dass du dich über Noten, die nicht im grünen Bereich sind, selbst schwarz ärgerst. Wenn du gleichzeitig eine Extralernrunde einlegst, ist die Wahrscheinlichkeit hoch, dass dir im Gegenzug ein kleiner Wunsch erfüllt wird. Ganz einfach, weil du deine Eltern damit beruhigst, dass du wirklich besser werden willst.

Totale Information

Mach Schluss damit, dich unbemerkt in dein Zimmer zu schleichen, um für die Schule zu lernen. Informiere deine Eltern lieber detailliert über jede Sekunde, in der du am Schreibtisch sitzt. Sprich mit ihnen über Themen, die im Unterricht gerade durchgenommen werden. Frag sie um Rat, wenn du etwas nicht kapiert hast. Erzähle ihnen von Begebenheiten in der Schule, die dich begeistert haben. Wenn du deine Lernleistungen zum Gesprächsstoff in der Familie machst, vermittelst du schnell den Eindruck, dass du viel mehr als andere büffelst und die Schule ernst nimmst.

Schule wechseln oder bleiben?

Nichts wie weg!
Über einen Schulwechsel solltest du nachdenken ...

* ... wenn deine Leistungen in mehreren Fächern schon seit Längerem tief im Keller sind.
* ... wenn du dich ständig mit Bauchschmerzen in die Schule quälst, weil du trotz Büffeln den Anschluss nicht kriegst.
* ... wenn sich die Lernberge, die du zu bewältigen hast, so hoch wie die Alpen vor dir auftürmen.
* ... wenn du ständig schlecht gelaunt bist, weil du dich von der Schule extrem unter Druck gesetzt fühlst.
* ... wenn die Schule das absolute Reizthema in der Familie ist und es deshalb immer Streit gibt.
* ... wenn du trotz Nachhilfe kein Land für bessere Leistungen siehst.

Bleib, wo du bist!
Ein Schulwechsel ist nicht notwendig ...

- ... wenn dein Lerncheck ergeben hat, dass du nur einen momentanen Durchhänger hast.
- ... wenn du selber den Grund deiner schlechten Leistungen kennst: zu wenig Mitarbeit und Engagement.
- ... wenn du keine Angst davor hast, Versäumtes notfalls auch mit Nachhilfe aufzuholen.
- ... wenn deine Lehrer dich zum Weitermachen ermutigen. Sie wissen am besten, was in dir steckt.
- ... wenn du den festen Willen hast, etwas zu ändern, und ihn mit einem persönlichen Paukprofil auch in die Tat umsetzt.
- ... wenn du in maximal zwei Fächern total auf der Kippe stehst. Nur, wer nicht schlechte Noten sammelt wie andere Yu-Gi-Oh!-Karten, dem gelingt es auch, Lernlücken zu schließen.

SCHLAG-FERTIG

Die ultimativen Ausreden

Lehrer sind ja vernunftbegabte Wesen – die meisten zumindest. Wenn man es ihnen nur schlüssig erklärt, sehen sie meist auch ein, warum man die Hausaufgaben nicht machen oder es unmöglich zur ersten Stunde in die Schule schaffen konnte. Es hängt nur von der Qualität deiner Ausrede ab. Und die darf alles sein, nur nicht von der Stange! Bist du nicht von Natur aus schlagfertig, solltest du nie unvorbereitet zu spät kommen.

IMMER DIE RICHTIGE AUSREDE

Hausaufgaben vergessen, zu spät gekommen, beim Schummeln erwischt? Mit der richtigen Ausrede fällt der Ärger bestimmt weniger schlimm aus. Zwei Dinge musst du bei einer guten Ausrede unbedingt beachten: Sie muss nicht nur clever und schwer durchschaubar sein, sondern sie sollte nach Möglichkeit auch noch witzig ausfallen. Je weniger abgedroschen deine Entschuldigung klingt, umso glaubwürdiger wirkt sie. Und wenn du nicht nur deine Mitschüler, sondern auch deinen Lehrer zum Lachen bringst, hast du sowieso schon gewonnen.

Doch achte darauf, dass du, immer wenn du deinem Lehrer eine Ausrede auftischst, auch ein wenig Fingerspitzengefühl walten lässt. Übertreib deine Lügen-Storys nicht, denn sonst könnte sich dein Gegenüber veräppelt fühlen und dir erst recht eine fette Strafe aufbrummen. Wenn du was wirklich Dummes ausgefressen hast, ist eine lustige Ausrede vielleicht auch nicht unbedingt angebracht. Wäge von Fall zu Fall ab, ob es nicht besser wäre, gleich mit der Wahrheit rauszurücken. Und: Manchmal stellt eine auf deine Bedürfnisse zurechtgebogene Halbwahrheit den goldenen Mittelweg dar – dazu musst du die Realität nur ein bisschen »schönen« und schon hast du die perfekte Ausrede.

Ausrede-Hits für Zu-spät-Kommer

»Entschuldigung, aber meine Mutter hat vergessen, mir das Frühstück ans Bett zu bringen.«

»Aufgrund der Absurdität und der Gleichgültigkeit des Lebens manifestierte sich in meiner psychophysischen Konstitution eine absolute Dominanz an negativen Affekten in Bezug auf die Notwendigkeit des pünktlichen Unterrichtsbeginns.«

»Tut mir leid, dass ich zu spät komme. Aber mein Adventskalendertürchen hat geklemmt.«

»Ich bin zu spät gekommen, weil das Kultusministerium mich wegen einer Umfrage angerufen hat. Ich hab so lange gebraucht, bis ich aufgezählt habe, wie viele tolle Lehrer an unserer Schule arbeiten.«

»Sorry, aber ich hatte Hausarrest.«

Ausrede-Hits für Hausaufgaben-Vergesser

»Ich konnte meine Kaugummis nicht finden, obwohl ich sie dringend brauche. Eine wissenschaftliche Studie hat ergeben, dass mit Kaugummikauen das Gehirn besser arbeiten kann.«

»Ich habe die Hausaufgaben gemacht. Aber leider mit der Zaubertinte von meiner kleinen Schwester. Jetzt ist der Zettel wieder leer. Wollen Sie ihn sehen?«

»Ich habe einen Solar-Taschenrechner. Und gestern Nachmittag hat es leider geregnet.«

»Bestimmt würden Sie nie jemanden für etwas bestrafen, was er nicht gemacht hat. Ja, und ich habe leider meine Hausaufgaben nicht gemacht.«

»Ich dachte, wir hätten erst in der nächsten Stunde Mathe. Bis dahin hätte ich die Hausaufgaben bestimmt geschafft.«

Ausrede-Hits für Abschreiber

»Den Spickzettel hat wohl der Wind hierher geweht. Ich sag doch immer, dass es hier zieht.«

»Ich wollte Ihnen das Buch gerade nach vorne bringen, um Ihnen das Korrigieren zu erleichtern.«

»Ich habe nachgedacht. Es ist wissenschaftlich erwiesen, dass das besser geht, wenn man dabei nach rechts (links) guckt.«

»Ich wollte nur vergleichen, ob mein Tischnachbar alles richtig hat.«

»Ich hab nicht geschummelt, ich hab lediglich die Wahrheit verändert.«

Baden gehen

Lass dir von superstrengen Lehrern nicht mehr die Laune verderben! Auch wenn du mal wieder ohne Hausaufgaben in der Schule auflaufen musst oder es zum dritten Mal in dieser Woche nicht rechtzeitig geschafft hast. Bevor die Schimpftiraden losdonnern, einfach Augen schließen und den Film »Lehrer in Badehose« oder »Lehrer im Clownskostüm« in deinem Kopfkino einlegen. Und so hast du sicher keine Hemmungen mehr, dem Pauker deine fantasievollen Ausreden zu unterbreiten.

DAS DICKE ENDE ...

Eigentlich weißt du jetzt, wie du die Schule locker und mit Spaß überleben kannst, selbst wenn du nicht zu den totalen Überfliegern gehören solltest. Falls du trotzdem einmal Rat von außen brauchst, findest du hier Telefonnummern und Adressen, wo dir garantiert weitergeholfen wird.

Nummer gegen Kummer

Beim Kinder- und Jugendtelefon des deutschen Kinderschutzbundes findest du immer ein offenes Ohr, egal, warum du dich ausheulen musst. Die Anrufe sind völlig anonym und vor allem kostenlos. Übrigens: Wählst du die Nummer gegen Kummer an, erscheint sie nicht auf der Telefonrechnung deiner Eltern. Falls du ganz sicher sein willst, dass niemand mitbekommt, wo du angerufen hast, solltest du die Nummer aus der Wahlwiederholungsoption des Telefons rauslöschen. Die Nummer gegen Kummer ist montags bis freitags zwischen 15 und 19 Uhr unter 0800/1110333 zu erreichen.

Hilfe bei Mobbing

Wird dir in der Schule übel mitgespielt und du weißt nicht, an wen du dich wenden sollst, hilft eine schulpsychologische Beratungsstelle weiter. Die Beratungsstellen gibt es in allen Bundesländern. Eine Übersicht findest du im Internet unter www.schulpsychologie.de.

Die Berater helfen dir natürlich auch in anderen Situationen weiter, in denen die Schule bei dir für Bauchschmerzen sorgt.

Auf der Internetseite www.barrierefrei.schueler-mobbing.de kannst du Erfahrungsberichte von Mobbing-Opfern nachlesen. Außerdem findest du Tipps, wie du dich wehren kannst.

Bewegte Schule

Fehlt es an Ideen, wie ihr frischen Wind in euren grauen Schulalltag bringen könnt, schau doch mal auf der Internetseite www.bewegteschule.de nach. Eigentlich ist das eine Seite für Lehrer mit zahlreichen Anregungen für Spaß beim Lernen – von Pausen-Action bis zu Klassenfahrten. Aber der Eintritt ist natürlich auch für Schüler erlaubt. Vielleicht könnt ihr ja mit eurem Lehrer gemeinsam das Angebot unter die Lupe nehmen?

Sorgen wegchatten

Suchst du im Internet einen Chat, weil du dir deine Sorgen lieber von der Seele schreibst als sprichst? Unter www.blinde-kuh.de findest du geprüfte Chats extra auch für Jüngere.

Schule tauschen

Wenn du die Nase wirklich voll von deiner Lernfabrik hast und dir einen schulischen Tapetenwechsel gönnen möchtest, wäre ein Schüleraustausch genau das Richtige. Informationen dazu bekommst du im Sekretariat deiner Schule. Aber auch zahlreiche Organisationen bieten Schüleraustauschprogramme von wenigen Wochen bis zu einem Jahr an. Welche Möglichkeiten es gibt, darüber informiert beispielsweise die Kulturabteilung der Deutschen Botschaft auf der Internetseite www.germanembassy.org oder das Goethe-Institut unter www.goethe.de. Schüler aus der Schweiz können sich an die landeseigene Berufsberatung unter www.berufsberatung.ch wenden. Wer in Österreich wohnt, findet einen Überblick unter www.jugendinfo.at oder bei dem Institut für interkulturelles Lernen unter www.afs.at.

Mehr heiße Tipps & coole Tricks:

Bye, bye, Liebeskummer – So kommst du drüber weg
Clique & Co. – Freunde bekommen, behalten, loswerden
Flirten – bis die Funken fliegen
Ich find mich super! – So entdeckst du, was in dir steckt
Mädchenpower – Pubertieren leicht gemacht
Nie mehr pleite! – Wie man seine Geldsorgen loswird
Schnapp ihn dir! – So fängst du dir deinen Traumprinzen
So ticken Jungs – Eine Gebrauchsanweisung für Mädchen
So ticken Mädchen – Eine Gebrauchsanweisung für Jungen
Voll gut drauf – Schön und selbstbewusst im Handumdrehen

Prinzen, Frösche, Supertypen – Die besten Tipps & Tricks für den Umgang mit Jungs

Kampwerth, Karin:
Alles, bloß kein Stress – Die besten Tipps & Tricks
für den Schulalltag
ISBN 978 3 522 17959 1

Einband- und Innenillustrationen: Alexander Weiler
Satz und Aufbau: Prill Partners producing, Berlin
Schrift: Excelsior
Reproduktion: LVD GmbH, Berlin
Druck und Bindung: Friedrich Pustet, Regensburg

5 4 3 2 1°   07 08 09 10

www.thienemann.de

HEISSE TIPPS & COOLE TRICKS

FÜR JEDE SITUATION

Cornelia Emilian
Antje Schweitzer
Nie mehr pleite!
128 Seiten mit Ill.
ISBN 978 3 522 17504 3

Karin Kampwerth
Clique & Co.
128 Seiten mit Ill.
ISBN 978 3 522 17505 0

K. Kampwerth/C. Streng
Ich find mich super!
128 Seiten mit Ill.
ISBN 978 3 522 17857 0